ちくま新書

大阪がすごい

——歩いて集めたなにわの底力

歯黒猛夫
Haguro Takeo

1786

大阪がすごい——歩いて集めたなにわの底力【目次】

企画・編集協力＝山崎三郎

はじめに

「日本が好きか」と聞かれると答えに困る。文化や風習、風景は好きだけど、政治となると「う～ん」となる。歴史も時代によって異なるし、地震が多いのは嫌だ。

それよりも何よりも、わたしは日本を出たことがない。海外旅行に行ったこともない。メディアや本からの情報、人のうわさだけで、ほかの国と比較することはできないのだ。

これは、大阪に対してもいえることだ。

わたしは大阪生まれの大阪育ち――といいたいところだが、生まれは母親の実家のある和歌山県。ただ、本籍や住民票は大阪なので、大阪出身といっても差し支えはあるまい。

その後、六〇年以上、わたしはずっと大阪で暮らし続けてきた。一度たりとも出たことはない。だから、大阪とほかの都道府県を比べることはできない。したがって、大阪が特別に好きかどうかの判断はしかねる。ただ、出て行こうと思ったことがないので、嫌いではなかったのだろう。わざわざ離れる必要もなかったし。

わたしの職業はライターだ。これまでさまざまな文章を記してきたが、心がけているのは常に自分のポジションをニュートラルにしておくことと、客観性を大切にすることだ。そうでないと、請け負う仕事の幅が狭くなる。主観を入れると成り立たない仕事もある。だから、出身地だからといって、大阪に特別な感情を持たないようにしている。距離を置いて、冷静さを保つようにしている。

大阪にはいいところもあるし、悪いところもある。それは東京も同じだろうし、日本全国、いや世界のどの国や地域でも同じことだろう。偏愛は判断を鈍らせる。

ただ、わたしは大阪府の出身だが、大阪市ではない。育ったのは大阪府内でも南部に位置する岸和田市だ。いまは町内会の役員も務めている。

小学校、中学校はもちろん、高校も岸和田市だ。予備校は天王寺だったが四カ月で辞めて自宅浪人になった。大学受験は一浪で断念し、その後、職を転々とするなかで大阪市内に通勤したこともあったが、ほとんどは地元。大阪市内を仕事でうろうろすることになったのは、三七歳でライターになってからのことだ。

そんな、大阪市内の人から見れば片田舎ともいえる土地の人間が、大阪について記述する。東京でいえば、八王子市や青梅市の人が東京二三区を語るようなものだ。ただ、その分、客観性を保つことはできる。通勤通学はしなかったといえども、遊びに出かけることはあるし、買い物に行くこともあった。まったく大阪を知らないわけではない。

二〇二五年に日本国際博覧会（大阪・関西万博）が開催される予定ということもあってか、近年、大阪に注目が集まっているようだ。また、インバウンドに人気なのが東京でも京都でもなく、大阪だというのも関係しているのだろう。そして、東京の一極集中に対するアンチテーゼが大阪の人気を高めていると思う。

そのせいからもここ最近、大阪に関する書籍やムック、ウェブ記事の執筆依頼が増えている。大阪に事務所を構えるライターとしてはありがたいことだ。ただこれまでの依頼は、大阪の観光スポット、歴史雑学、鉄道ガイドなど、さらには大阪と東京との文化や言葉、風習の違いなどをまとめたものがほとんどだった。そんな仕事をこなしながら、ふと考えてしまう。

「では、いったい大阪ってどんなとこやろ」
「大阪がほかのとこと違うのは、どんなことやろ」
「そもそも大阪は、どうやって成り立ったんやろ」

それを追求し、言及したい。加えて、それが私見であったとしても解明してみたい。そんな思いが、ふつふつとわき起こっていた。

断っておくが、わたしは社会学や地理学などを専門に学んだことはない。大阪南部は地元なので詳しいが、市内や北部は心もとない。ガイド本の執筆などで、あちこちを訪ねはしたものの、上辺をなぞっているだけといわれれば、その通りだ。

とはいえ、知的好奇心はある。せっかく大阪に暮らし、大阪の情報に触れ、それなりの知識もあるのに、これを生かさない手はないし、もったいない。「ふるさと大阪に対する熱い思い」というものは持ち合わせていないが、それこそ距離を置いた冷めた目で見直してみるのもおもしろいのではないか。

見解の違いはあるだろう。誤解が生じている部分があるかもしれない。それでも、大阪の片隅に、こんなことを考えている府民もいるというのが、本書を書こうとしたきっかけである。

本書は、地形や歴史、町の特徴、交通インフラなどの視点から、現在の大阪の形成過程について、わたしがこれまで見聞きしてきた体験を織り交ぜながら、以下のように構成している。

第一章では地形をテーマに生駒山地や上町《うえまち》台地、淀川と大和《やまと》川の治水について解説しながら、高低差のある大阪の土地のフィールドワークを行った。第二章は、京都や奈良にも劣らない日本史的にも重要な都市であることを根幹に、古代から近代までの大阪の歴史について触れている。単なる通史ではなく、今日の大阪につながる出来事を紹介した。第三章は「天下の台所」「東洋のマンチェスター」、そして「大大阪《だいおおさか》」と呼ばれた大阪の経済都市としての遍歴を振り返った。さらに、一九七〇年の日本万国博覧会（大阪万博）による大阪経済への「功罪」について考察を行っている。

第四章のテーマとしたのが鉄道である。大阪がなぜ「私鉄王国」と呼ばれるようになったのか、「大阪市営モンロー主義」とは何かなど、ほかの大都市圏には見られない大阪の鉄道事情を紹介している。第五章では、大阪といってもエリアによってさまざまな表情を持つ「町」について考察し、天王寺、新世界、釜ヶ崎、日本橋《にっぽんばし》、アメリカ村、鶴橋、梅田といったエリアを紹介。飛田新地《とびたしんち》をはじめとする五大新地についても触れている。終章となる第六章は、大阪の「負の遺産」となった再開発事業を振り返りながら、現在進行している都心部の再開発について述べている。さらに、観光地化を進める未来の大阪に対して想いを馳せてみた。

また、これらの大阪の姿をビジュアル的にも親しんでもらえるように、江戸期から明治大正期の古地図や錦絵、古写真をできる限り掲載している。話のタネになるような大阪に関するウンチクや雑学も散りばめた。


本書を片手に大阪の町をぶらりと歩きながら、

「大阪って、こんなところだったんだ」

「大阪には、そんな歴史もあったんだ」

「大阪は、お笑いと粉《こな》もんだけじゃなかったんだ」

そんな気づきを得ていただければ、筆者としては望外の幸せである。

大阪府

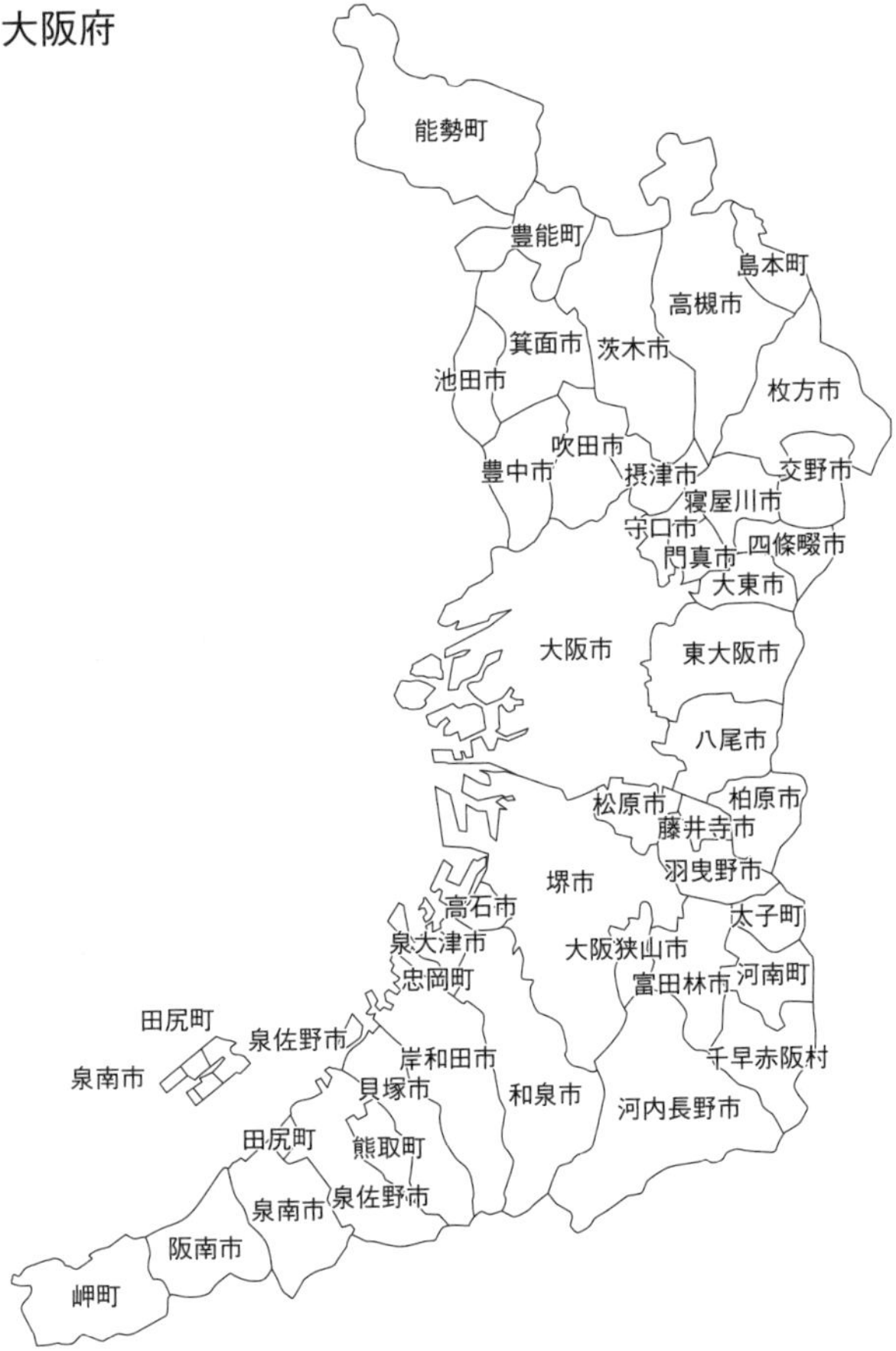

能勢町
豊能町
島本町
高槻市
箕面市
茨木市
池田市
枚方市
吹田市
豊中市
摂津市
交野市
寝屋川市
守口市
四條畷市
門真市
大東市
大阪市
東大阪市
八尾市
松原市
柏原市
藤井寺市
羽曳野市
堺市
高石市
太子町
泉大津市
大阪狭山市
河南町
忠岡町
富田林市
田尻町
泉佐野市
岸和田市
千早赤阪村
泉南市
貝塚市
和泉市
河内長野市
田尻町
熊取町
泉南市
泉佐野市
阪南市
岬町

【地域区分】
[北摂] 能勢町 豊能町 池田市 箕面市 茨木市 高槻市 島本町 豊中市 吹田市 摂津市
[北河内] 枚方市 交野市 寝屋川市 守口市 門真市 四條畷市 大東市
[中河内] 東大阪市 八尾市 柏原市
[南河内] 松原市 藤井寺市 羽曳野市 大阪狭山市 富田林市 太子町 河南町 千早赤阪村 河内長野市
[大阪市]
[堺市]
[泉州北部] 和泉市 高石市 泉大津市 忠岡町
[泉州南部] 岸和田市 貝塚市 熊取町 泉佐野市 田尻町 泉南市 阪南市 岬町

第一章

水の都の高低差

†山地に抱かれる大阪平野

新幹線で新大阪駅へ着く。その後、各々の目的地に向かって地下鉄や在来線に乗り換える人は多いだろうが、もし構内から外へ出ることがあれば周囲を見渡してほしい。駅前からは高層ビルでさえぎられてしまうが、ビル街を抜けると意外と山が近いことに気づくかもしれない。

わたしも仕事の打ち合わせなどで、度々上京することはあるが、東京駅や品川駅に着いても、神保町で打ち合わせをしても、新宿へ遊びに行っても、山の存在はうかがえない。目に入るのは、そびえ立つビルだけだ。

新大阪駅は淀川区という、大阪市内の北部に位置にする。ただ、中央区や北区といった中心部でも、少し高いビルから見れば、やはり山は間近に感じられる。通天閣や「あべのハルカ

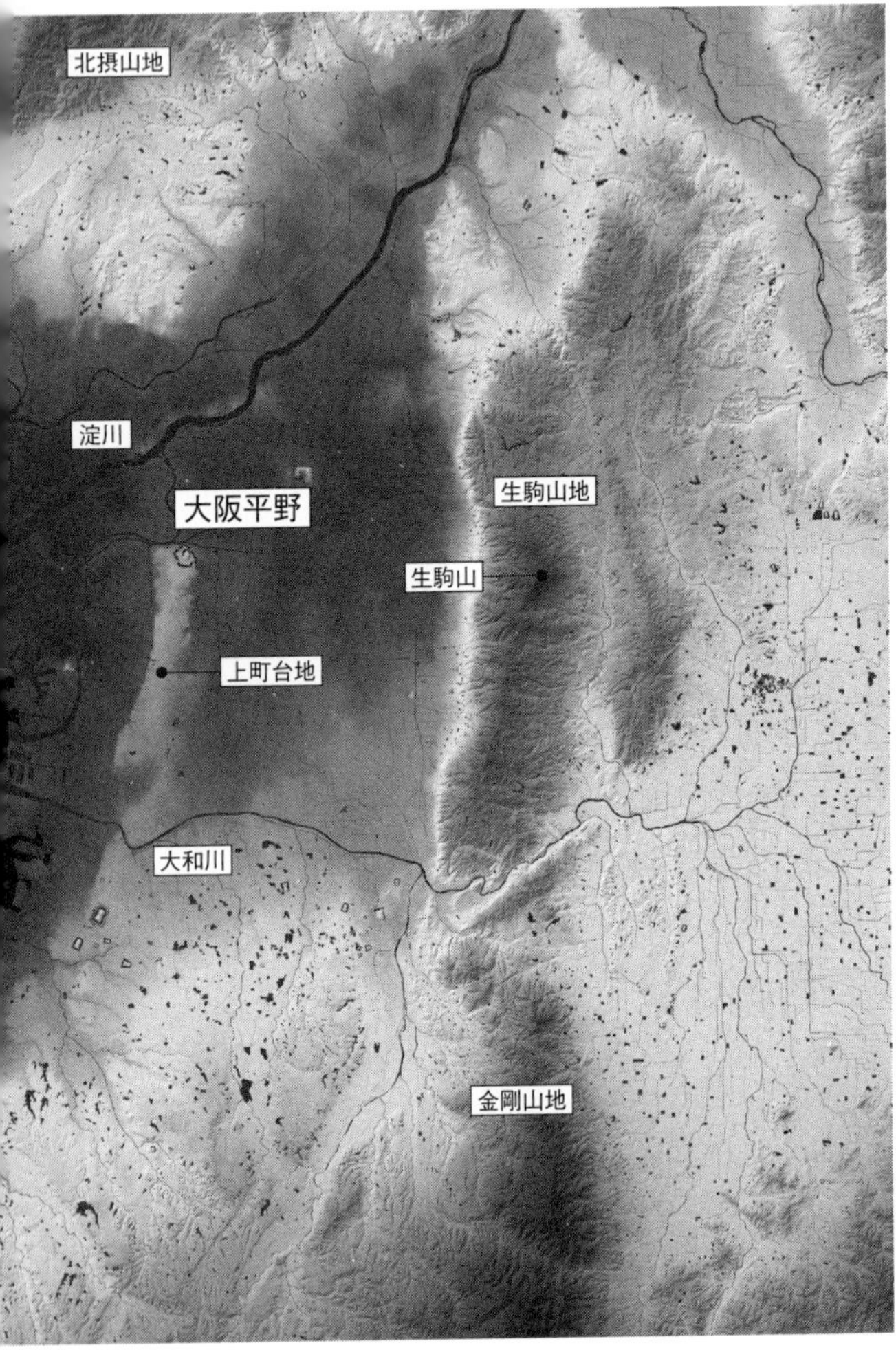
北摂山地
淀川
大阪平野
生駒山地
生駒山
上町台地
大和川
金剛山地

南北および東側の三方を山地に囲まれた大阪平野（国土地理院デジタル標高地形図をもとに作成）

ス」、大阪城の天守閣展望台からながめれば、大阪府を取り囲む山地だけでなく、神戸の六甲山まで見渡せてしまう。

日本列島のほぼ中央に位置する大阪府は、大阪湾に面して微妙に湾曲した形をしている。それはまるで、胎児のようだ。その背中の部分に当たるのが生駒山地、金剛山地、和泉《いずみ》山脈の山並み。頭に相当する北部には北摂《ほくせつ》山地が連なる。

山地から丘陵地を経て、広がっているのが大阪平野だ。大阪市を中心とする都市部は、この平野部分にある。面積は約一六〇〇平方キロメートル。関東平野の約一万七〇〇〇平方キロメートルとは比べものにもならず、岐阜県、愛知県、三重県にまたがる濃尾《のうび》平野の約一八〇〇平方キロメートルよりも狭い。都心から山が近くに感じられる理由である。

ちなみに大阪府の面積は約一九〇五平方キロメートル。全国では香川県に次いで二番目に狭い。香川県の面積は約一八七七平方キロメートル。その差はわずかだ。

かつては大阪府の方が香川県より狭かったのだが、一九八八年に国土地理院による算定法の見直しや県境未定地の面積が省かれたために逆転。わたしの香川県の知り合いは、「大阪湾の埋め立てが進んだから二番目になった」といい、大阪の知人も「埋め立てで関空(関西国際空港)ができたから面積が広がった」と口にしたが、そういった理由からではない。そもそも関空の開港は一九九四年である。

あべのハルカス16階庭園からの眺望。遠方に見えるのが生駒山地

　この大阪平野を流れて大阪湾にそそぐ河川で代表的なのが淀川と大和川だ。そのほかにも中小の川が流れているが、これらの水流が平野の形成に大きく寄与している。

　川は土砂を運んでくる。それが堆積して地面となる。こういった仕組みでできた扇形の地形を「扇状地《せんじょうち》」という。NHKの『ブラタモリ』でもおなじみになった地理用語である。つまり大阪平野は、淀川と大和川によってつくり出された扇状地なのだ。

　人口でいえば西日本最大で、全国でも屈指の都市である大阪の姿は、この扇状地ゆえの特色がある。海と山、河川と平野の形状と成因を知ることは、地域を理解するための第一歩。わたしが自分の足で確かめてきた大阪の地形を、まずは紹介していこう。

突然だが、東京スカイツリーの高さは六三四メートル、世界で一番高い電波塔として知られている。しかし、関西には東京スカイツリーより高い電波塔がある、と聞けば、読者諸氏はどう思われるか？　にわかに信じがたいだろうが、事実である。

大阪では通天閣が一〇八メートル、あべのハルカスでも三〇〇メートルだ。あべのハルカスは日本一高いビルだったが、二〇二三年六月に竣工した東京・港区の「麻布台ヒルズ森ＪＰタワー」（三二五メートル）に追い抜かれ、さらに二〇二八年には、東京・千代田区に完成予定の「Ｔｏｒｃｈ《トーチ》 Ｔｏｗｅｒ《タワー》」（三八五メートル）が日本一になる予定である。

ただし、これらの高さは地表から図ったもの。海抜であれば、スカイツリーが立地する墨田区押上の海抜が一桁程度なので、建物そのものの高さとほぼ同じになる。しかし、大阪府東部の生駒山には電波塔が乱立して〝電波塔群〟を形成している。もっとも高いのは読売テレビ電波塔の約八一メートルだが、そこに生駒山の高さとを合わせると約七二三メートルにもなる。

「いやいや、それってこじつけでは？」と思う人もいるかもしれないが、実際そうなのだから仕方がない。

そんな生駒山のある生駒山地は平均標高が約四〇〇メートル。最高峰の生駒山でも六四二メートルである。さほど高くはないが、特徴的なのは大阪湾から低地が続く境目に、いきなり山地がそびえている、という形状になっているところだ。

生駒山地は大阪府と奈良県の府県境に位置する。ただし奈良側は、大阪側のように急な傾斜にはなっていない。徐々に標高が上がって山になるという、なだらかな斜面となっている。ではなぜ、大阪側は急斜面となっているのか？　大阪市立自然史博物館のホームページでは次のように解説している。

生駒山は、花こう岩やはんれい岩などの岩石からなります。これらの岩石は、およそ1億年前にマグマが地下深いところでゆっくりと固まってできたものです。大地が隆起して地表が削られ、長い年月をへて地表にあらわれてきました。（中略）

現在のように大阪平野の東に壁のようにそびえる地形は、およそ100万年前より新しい時代にできました。生駒山の大阪側には、断層があり生駒山側が隆起しています。そのため大阪側が急で奈良側は緩やかな地形になっています。（大阪市立自然史博物館ホームページ「大阪の地学ガイド　見学コース編」より）

この断層によって一方向だけが傾斜した地形を「傾動地塊《けいどうちかい》」（地塁《ちるい》山地）と呼ぶそうだが、

文字だけではよくわからない。ならば、百聞は一見に如《し》かず。実際に傾斜の様子を体感すべく、生駒山地の急斜面を登ってみた。なお、生駒山はこれまで傾動地塊とされてきたが、近年は「褶曲山地《しゅうきょく》」（地層の地殻変動よって波状に曲がった山地）という説が有力となっているという。ただし確定ではなさそうなので、従来の説で話を進める。

†生駒山の断層崖を登頂する

生駒山地を越えるルートはいくつもあるが、訪れたのは東大阪市と奈良県の生駒市を結ぶ暗峠《くらがりとうげ》。標高は四五五メートルで、東大阪側のふもとから峠まで約二・五キロメートルあり、かなりの急勾配らしい。

最寄りの駅は近鉄奈良線額田《ぬかた》駅。駅自体が高台にあり、ここからでも大阪平野を見渡すことができる。峠へ至る国道が駅のすぐそばを通っているが、道幅は車一台が通れる程度しかない。これが道マニアから、「酷道」と表される国道308号線である。

道路はアスファルトではなくセメント製で、滑り止めであろう丸いくぼみが表面に散りばめられている。歩きはじめると、確かに坂は急だ。頂上に近づくにつれて傾斜がきつくなる。それでも道路沿いには、新しい住居も建てられている。住んでいる人は毎日、この坂を上り下りするんだろうな、車でも大変だろうな、と思うと頭が下がる。

ヒイヒイ息を切らしながら登り、しばし休憩。振り返って坂から平野を望むと、林立する都市部の高層ビルを見下ろすことができる。かなり見事な光景だ。ふと思い出したのは、わたしが二十代のときに六甲山から見下ろした神戸の風景だった。関西ではおなじみのデートスポットである。六甲山も傾動地塊なので似ているのだろう。神戸ほど海は近くないにせよ、日が暮れるとさぞや夜景が素晴らしいに違いない。

暗峠の急斜面から見下ろした大阪平野

足腰の痛みに耐えながら、どうにかこうにか峠を越える。そこから先はなだらかな下り坂だ。生駒山地の断層崖《だんそうがい》を実感するにはうってつけだが、体力に自信のない人は控えた方がいいだろう。

実は苦しい思いをしなくても、生駒山の急勾配を電車から確認できるところがいくつかある。その一つがJR片町線、通称「学研都市線」だ。この路線で住道《すみのどう》駅から四条《しじょう》畷《なわて》駅に至る間、生駒の山並みが見えてくる。多くの建物が切り立つ山地の中腹にへばりつく様子から、急な傾斜を知ることができる。傾動地塊の確認を、歩くのではなく見るだけで済ますのであれば、こちらの方がおススメだ。

†大阪平野は海の中

生駒山地を形成したのが「うねり構造」と呼ばれるもので、地殻の移動による圧力によって伊勢から鈴鹿山脈、奈良盆地から大阪湾までに山地と盆地が、東から盛り上がったりくぼんだりしてウネウネと交互に地形がつくられた。

そして、西側で最後に盛り上がった台地が上町台地だ。ならば、上町台地から西は平野だったのかといえばさにあらず。大阪平野は長く海であったという。しかも数万年レベル前の話ではなく、一六〇〇年ほどむかしの古墳時代ことだ。

さかのぼること約七万年前から一万年前、地球は氷河期にあって海面は現在よりも約一〇〇メートルも低かった。大阪湾も瀬戸内海も陸地で、本州は四国・九州と陸続きだったのだ。

しかし氷河期が終わると、温暖化で氷が溶けて海水が流入。瀬戸内海の水位も上昇する。これが約七〇〇〇年前の「縄文海進《じょうもんかいしん》」で、大阪湾の水位も現在より一メートルほど高くなった。大阪平野はもとより、現在の枚方《ひらかた》市、寝屋川市、東大阪市、八尾《やお》市など、北河内《かわち》・中河内エリアも海の底。上町台地だけが半島状に海面に突き出ていたと考えられ、この状態の内海を「河内湾」という。

河内湾にそそいでいた大きな川が、前述した淀川と大和川だ。琵琶湖を水源とする淀川も、奈良盆地から生駒山地の南側から流れ込む大和川も、比較的流れは緩やかである。運ばれてくる土砂は堆積しやすい。そのおかげで湾入部に砂州が広がり、やがて河内湾は海から切り離され、淡水化して「河内潟《がた》」となる。しかし、上町台地より西側はまだ水の中である。これが約三〇〇〇年前から二〇〇〇年前の出来事である。

話は横道にそれるが、この川による土砂の堆積によって、大阪の食文化に大きな影響をもたらしている。

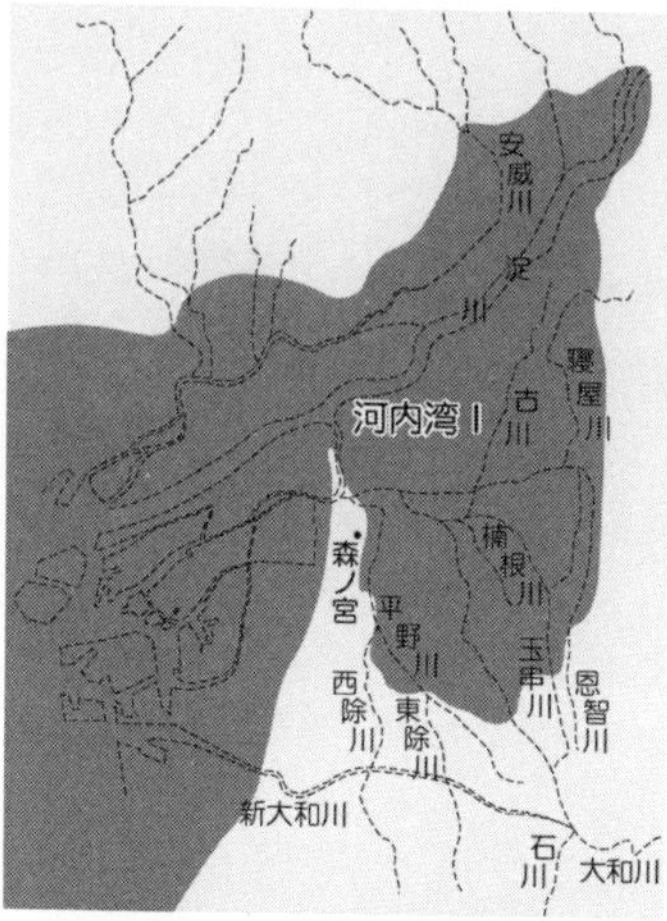

約 7000-6000 年前（縄文時代前期前半）の大阪。海面の上昇で上町台地の東部分は大阪湾とつながる内海となった（水都大阪コンソーシアム提供）

河川によって運ばれてきた堆積土砂は、水を多く含む砂か粘土だ。やわらかい地質のため、地下水はミネラル分の少ない軟水となる。軟水にコンブやカツオ節をつければ、浸透圧の関係で旨《うま》み成分が溶け出しやすい。一方の関東は火山灰が積み重なったローム層なので、地下水はミネラルが豊富な硬水。旨み成分は抽出されにくい。この違いが、大阪の「ダシ文化」を生み出した原因の一つだといわれているのだ。

河内湖の痕跡を唯一残す弁天池。現在は弁天池公園として整備されている

閑話休題。

川は流れを止めない以上、絶えず土砂を運び続ける。特に大和川は江戸時代までは北上していたので、河内潟に土砂が流入する。水域が減少していくとともに、約一六〇〇年前には規模の小さな「河内湖」へと姿を変えた。

やがて湖は低湿地帯となり、さらに江戸時代の大和川の付け替えや新田開発で陸地化が進んだ。かつて大阪市鶴見区から東大阪市、大東市に広がっていた新開《しんが》池や、寝屋川市、門真《かどま》市、大東《だいとう》市、東大阪市北部、四條畷市にまたがっていた深野《ふこの》池という河内湖の名残もあったが消滅し、いまは門真市の弁天《べんてん》池にわずかな痕跡を残すのみとなっている。

大阪湾から北河内・中河内地域まで広がっていた河内湖だったが、湖はなくなったにせよ、湿地は地域に恩恵をもたらしている。代表的なのがレンコンだ。

レンコンの栽培は湿地が適していて、収穫は泥田につかって行われる。河内地域のレンコンは「河内れんこん」、そのなかでも特に門真市のものは「門真れんこん」としてブランド化もされている。

†すべては上町台地からはじまる

内海が潟になり、やがて湖から低湿地へと変貌を遂げた大阪平野東部だが、古代から陸地だったのが上町台地とその南部だ。台地の西側は海のままで、人は住めない。そのため、大阪市内の古代から近世の史跡は上町台地から南部に集中している。

仁徳《にんとく》天皇が皇都にしたと伝わる高津宮《こうづのみや》しかり、日本最初の官営寺院として建立された四天王寺しかり、六五二年に完成されたとする難波長柄豊碕宮《なにわのながらのとよさきのみや》（前期難波宮《なにわのみや》）も上町台地の北部に位置する。つまり、大阪の地はこの場所からはじまったといっても過言ではないのだ。

上町台地は東西約二・五キロメートル、南北約一二キロメートルにわたって延びる丘陵である。北端部の標高がもっとも高く、第二章で紹介する難波宮（難波宮跡公園）や大阪城がある法円坂《ほうえんざか》付近が、その場所に当たる。

ならば、大阪のルーツとなった上町台地とはどんなところなのか、自分の目で確かめてみた。

実際に歩いてみると、平野部から台地まではなだらかな傾斜が続くのではなく、けっこう急勾配の坂道になっている。それを実感できるのが「天王寺《てんのうじ》七坂《ななさか》」だ。上町台地の西側斜面に集

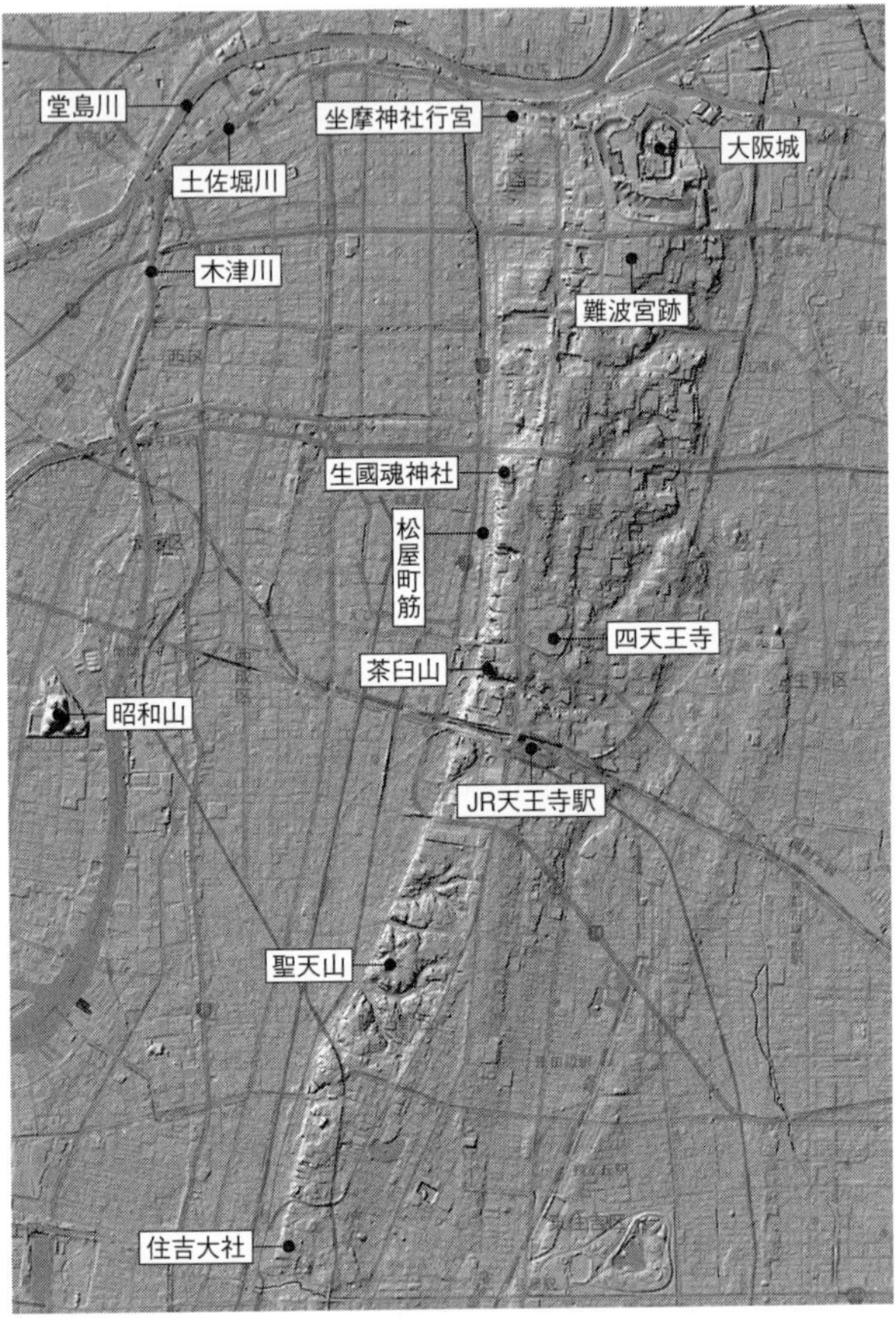

大阪市内の中央を南北に走る上町台地。西側の斜面は「上町断層」によって急崖となっている（国土地理院標準地図・陰影起伏図をもとに作成）

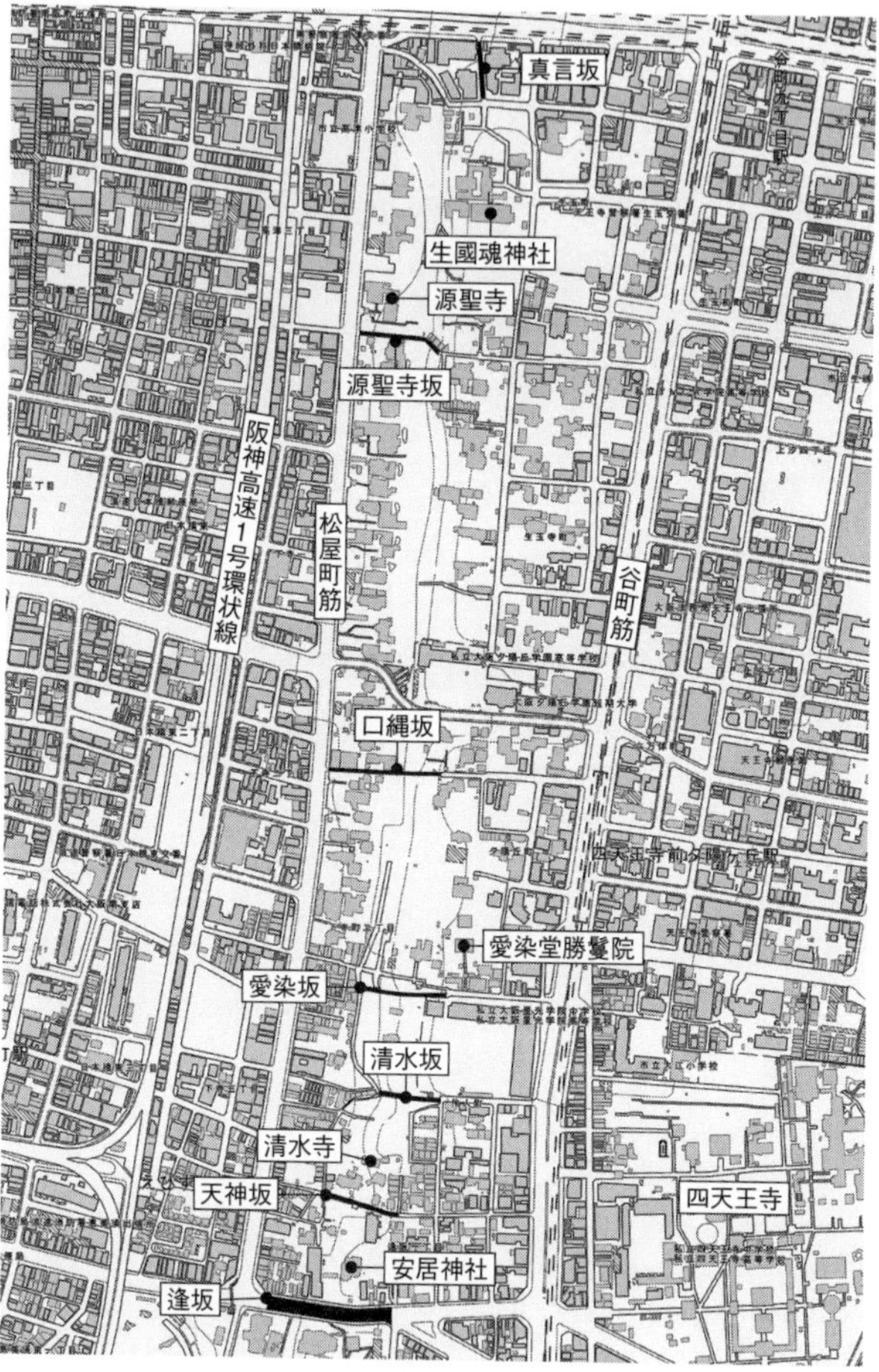

天王寺七坂の分布図（国土地理院標準地図をもとに作成）

真言坂の名は真言宗の寺院が十坊（「生國魂十坊」）あったことに由来する。左は大坂の浮世絵師・歌川國員（くにかず）が『浪花百景』で描いた真言坂（『浪花百景』大阪市立図書館デジタルアーカイブ）

中する代表的な坂道の総称である。

　地下鉄の谷町九丁目駅か近鉄の大阪上本町駅を降り、千日前通を西へ。しばらく歩くと見えてくるのが真言坂《しんごんざか》で、七坂で唯一南北に通じている。なお七坂には、すべて名前の刻まれた石柱が立てられているので、地図を見ながらでも見つけやすい。また、七坂以外にも坂があるが、石柱を見ればどれがどの坂か迷うことはない。また、七坂の周辺は寺社が多いのだが、これは豊臣秀吉が大坂城の南の守りとして寺院を集めたためとされている。

　真言坂を上ると生國魂《いくくにたま》神社に行き着く。創建は二六〇〇年前頃と伝えられるが、もともとは現在の大阪城付近に

上町台地北端の土佐堀通に面した急な階段

「まっちゃまち」の愛称を掲げる松屋町商店街のアーケード。人形や玩具、駄菓子の販売店や問屋が軒を並べている

口縄坂の「口縄」はヘビを意味し、坂の下から見上げた起伏がヘビに似ていることから名づけられたとされる

あり、秀吉の築城によって現在の場所に遷移された。

　生國魂神社の突き当りを左折し、境内に沿って南へ進み、しばらく歩いて右に曲がると源聖寺坂《げんしょうじざか》に到着する。坂は階段になっていて、勾配は急だが上り下りは楽だ。前の道路が松屋町筋で、源聖寺坂を含む六つの坂は、すべてこの筋に面している。つまり、上町台地の西端は松屋町筋ということになる。

　ちなみに、松屋町筋の読みを地元民は「まつやまちすじ」ではなく、「まっちゃまちすじ」と呼ぶ。これは大阪弁特有の促音によるものだ。

　松屋町筋を南に進むと学園坂《がくえんざか》という坂道があるが、これは七坂に含まれず、さらに南下すると、作家・織田作之助の短編『木の都』にも登場する道幅の狭い口縄坂《くちなわざか》。坂の上には『木の都』の一節を刻んだ文学碑が建てられている。口縄坂を通り越して交差点を左折し、大江神社境内前の三叉路を右に曲がると愛染坂《あいぜんざか》が見えてくる。坂を上った先に愛染堂勝鬘院《あいぜんどうしょうまんいん》があること

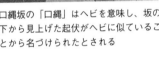

からこの名がついた。ちなみに坂沿いにある大阪星光学院高校は、大阪府でもトップクラスの進学校である。

　愛染坂を上らずに直進すれば清水坂《きよみずざか》に到る。京都の東山にある清水坂は、清水寺の参道ということで名づけられた。この大阪の清水坂も、同じ由来を持つ。つまり坂を上がったところに清水寺という寺院がある。さらに大阪の清水寺にも京都と同じく「清水の舞台」までつくられている。

清水寺の舞台から見た風景。中央遠方に通天閣も見える

　それもそのはず、大阪の清水寺が江戸時代初期に中興された際、京都の清水寺を模した舞台造の本堂を建立したのだ。しかも、本尊の千手観音像も京都の清水寺から迎えたとされる。舞台は規模も小さくコンクリート製だが、市内西部を一望でき、上町台地の高低差を実感できる場所でもある。

　清水寺の前の道をしばらく歩くと、次は天神坂《てんじんざか》。名前の由来は、菅原道真《すがわらのみちざね》を祀《まつ》る安居《やすい》神社に通じていることから。安居神社は、大坂夏の陣で真田《さなだ》信繁《のぶしげ》（幸村《ゆきむら》）が討ち死にしたといわれる場所だ。最後は逢坂《おうさか》。松屋町筋の南端にあり、現在は国道25号線の一部となっているので、道幅は五車線とかなり広い。坂を上り切ったところにあるのが四天王寺である。

これらの坂をめぐると、上町台地の標高が体感できる。しかも界隈には神社仏閣が多く、都会の真ん中にありながら落ち着いた雰囲気が漂っている。石畳が敷かれた場所もあり、大阪の散策コースにうってつけのエリアでもあるのだ。

†環状線の車窓から高低差を実感

大阪平野の起伏を実感できるのは、なにも坂道だけではない。「歩くのは疲れるからイヤだ」という方にオススメなのが、電車の窓から確認する方法だ。その路線がＪＲ大阪環状線。環状線は、その名の通り東京の山手線のように大阪市内中心部をぐるっと囲む環状鉄道路線である。大阪市内を移動するには地下鉄と、この環状線が欠かせない。わたしも取材や打ち合わせなどで、環状線にはお世話になっている。

環状線を利用していると、車窓から風景をながめていて気づくことがある。天王寺駅から鶴橋駅、京橋駅を経て大阪駅に行く「内回り」と、新今宮駅から弁天町駅、福島駅から大阪駅に行く「外回り」では線路の高さが異なっている。天王寺駅付近は低く、弁天町駅付近は線路やホームの位置が高いのだ。この風景こそが、大阪平野の高低差を教えてくれるのである。

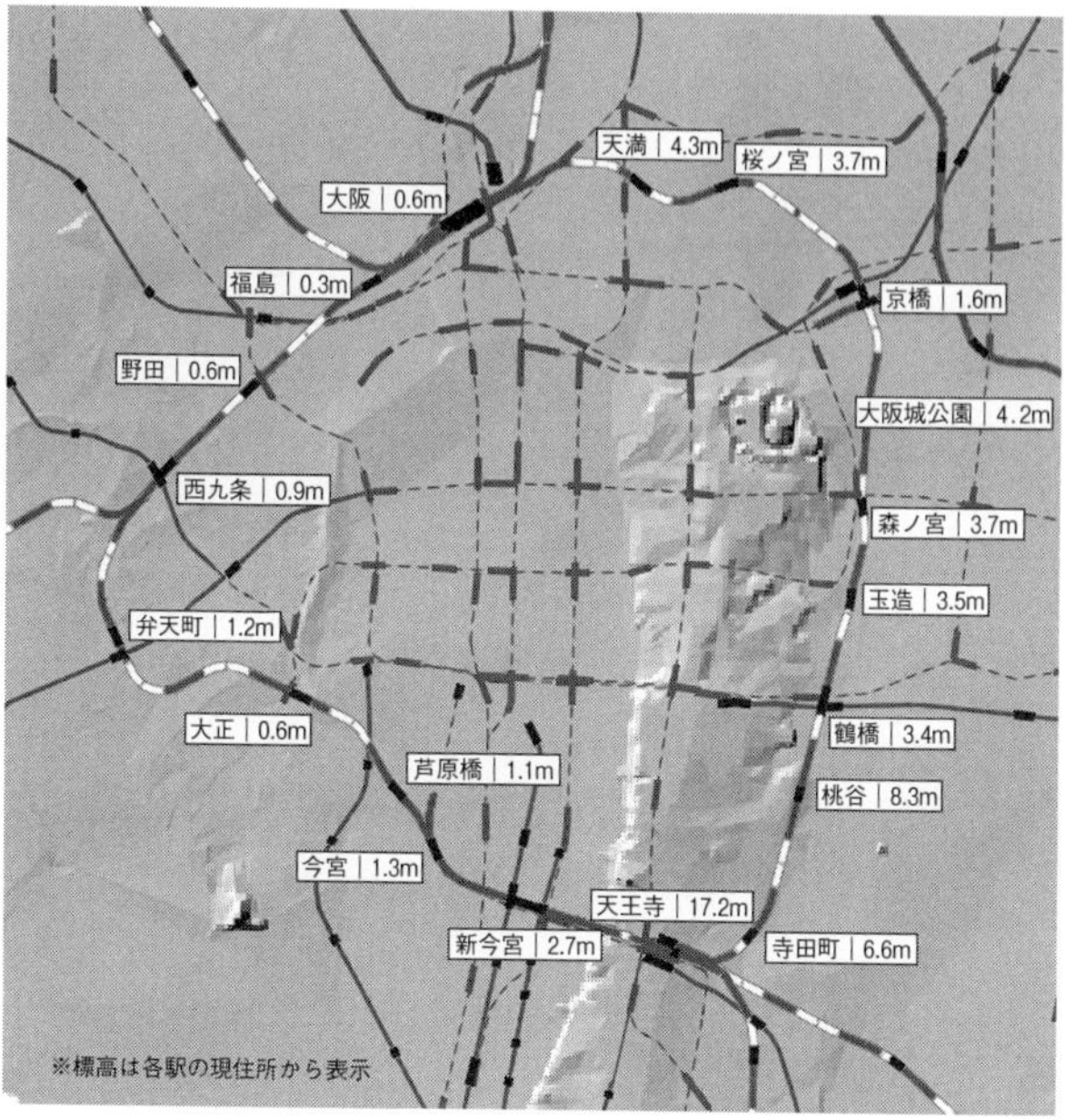

JR大阪環状線各駅の標高を示した路線図（国土地理院地図 Vector・標準地図をもとに作成）

たとえば、内回りで新今宮駅を出た列車は、ほとんど勾配もなく天王寺駅に向かう。高架だった線路は、やがて路面となり、そのまま天王寺駅の真下に入っていく。傾斜を解消するために線路を低く敷設しているため、駅舎ビルの足元に突っ込んでいくイメージだ。

ちなみに、新今宮—天王寺間には環状線で唯一の踏切だった「一ツ《ひとつ》家《や》踏切」が存在していた。しかし、朝のラッシュ時は一時間で最大五四分も閉まる「開かず

天王寺駅舎ビル。隣駅の新今宮駅とは海抜約 14 メートルの高低差がある

の踏切」で、線路内に立ち入るトラブルも多かったことから、二〇一二年七月一日をもって廃止されている。

天王寺駅を出ると線路は地下から地上となり、ふたたび高架となる。線路の勾配もあるのだが、上町台地の高台から、東側の低地へカーブで入っていくためだ。次の寺田町駅から桃谷駅、鶴橋駅へ。この辺りになると、一般住宅の二階から三階相当の高さとなる。しかし、玉造《たまつくり》駅を経て森ノ宮駅を過ぎた辺りから再び地上路線となり、弧を描きながら台地に入る。次の大阪城公園駅は橋上駅舎の地上ホームで、並行する玉造筋と線路の高さとに差はない。そこから京橋駅に向かって、線路はまた高架となっていく。

環状線のすべての駅の海抜を比較すると、もっとも高い位置にあるのは海抜約一七メートルの天王寺駅、次が桃谷駅、そして寺田町駅、天満《てんま》駅、大阪城公園駅と続く。これらはすべて環状線の東側。逆にもっとも低いのは福島駅、次が大正駅と大阪駅。大阪駅を除けば、低い位置にある駅は西側に多い。

風景で表現すれば、東側は路面や建物の二階程度の高さを走るのに対し、福島駅から芦原橋駅にかけての区間は、住宅の屋根や低層ビルの屋上を臨む形となる。大正駅に至っては、ホームの位置がビルの三階から四階に相当している。

上町台地を頂にして周囲は低地であり、特に大阪湾に近い西側は海抜〇メートルに近い。大阪平野の構造は、電車に乗っても一目瞭然なのである。

ホームが見上げる位置にある大正駅

なお、環状線では駅によって発車メロディが異なっている。たとえば、天王寺駅は『あの鐘を鳴らすのはあなた』（和田アキ子）、鶴橋駅は『ヨーデル食べ放題』（桂雀三郎ｗｉｔｈまんぷくブラザーズ）、大阪駅は『やっぱ好きやねん』（やしきたかじん）といった具合だ。

選曲にはそれぞれが理由がある。天王寺は四天王寺にかつて世界一といわれた梵鐘《ぼんしょう》が有名だったから、焼き肉で有名な鶴橋駅は、曲の歌詞に焼き肉の部位が登場するからだ。大阪駅は、大阪を代表する歌手、やしきたかじんの代表曲から選ばれたという。ただ、桜ノ宮駅の『さくらんぼ』（大塚愛）や森ノ宮駅の『森のくまさん』（アメリカ民謡）は安直感が否めないが、環状線に乗車された際は、お確かめを。

†淀川の洪水との闘い

琵琶湖を水源とする淀川は、滋賀県から京都府を通って大阪湾に至るまでの間に大量の土砂を運んできた。そのおかげで陸地が生まれ、人が住むことで町ができた。つまり淀川は、大阪を生み出した母のような存在でもある。少し、大げさだが。

ただ、大阪の母、つまり「大阪のオカン」だから怒らせると恐い。普段は優しくても気に入らないことがあれば、「あんた！　いったいなんやの！」とすごい剣幕で怒鳴り立てる。それは淀川も同じ。憤った状態が洪水だ。

淀川が生んだ土地に住みながら、淀川の洪水で被害を受ける。住んでいる人にとっては、たまったもんじゃない。そこで時の為政者は、何度も治水に努めている。治水工事が行われたからこそ、人々は田畑を開墾することもできた。そして、村や町が生まれて都市へと発展していったわけだ。

自然によってもたらされた土地が、人の手によってどのような形に変わったのか。治水の跡を探ることで、大阪の地形の変遷を知る手がかりの一つとなる。

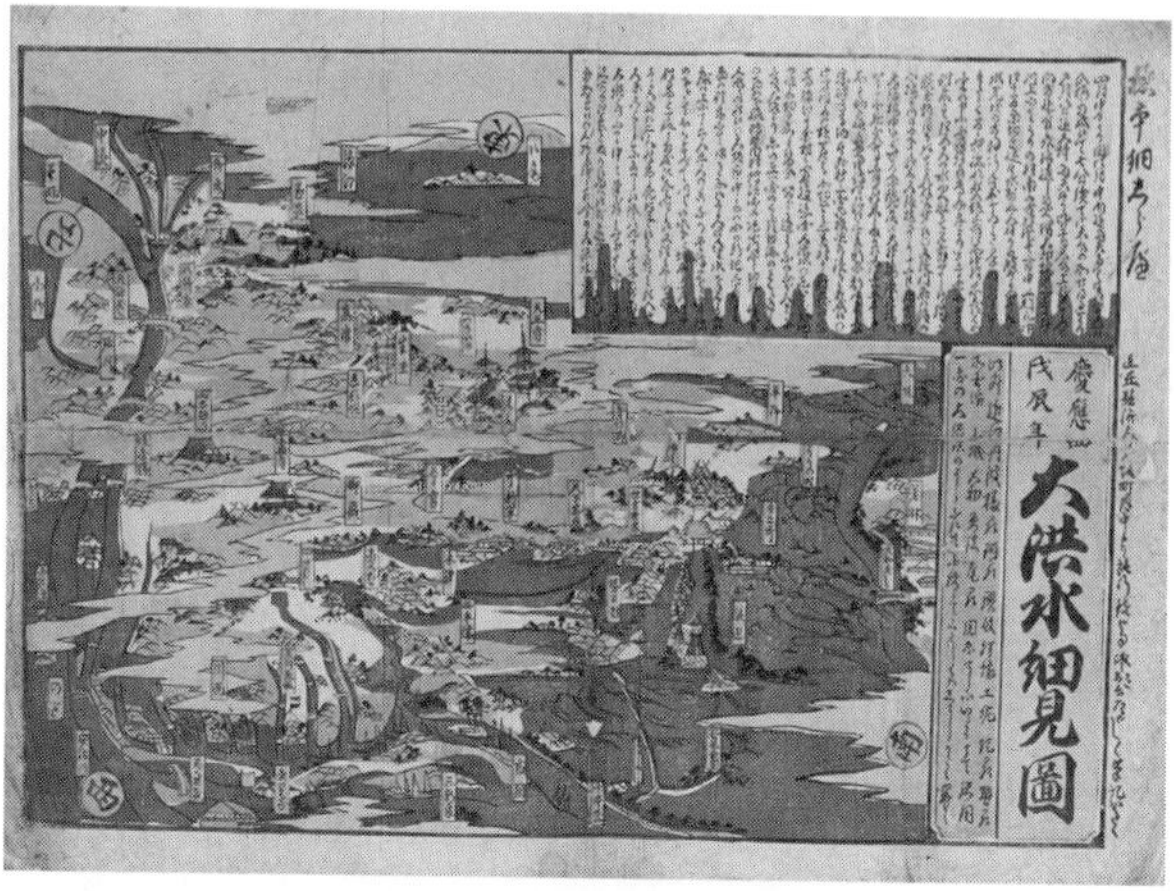

低地盤の大阪平野は古代より淀川の洪水や浸水の被害に遭ってきた。図版は 1868 年に起きた淀川流域各所の洪水被害を伝えるかわら版『慶応四戊辰年大洪水細見図』

記録上最古とされる治水工事が、『日本書紀』に記された仁徳天皇による堤防「茨田堤《まんだのつつみ》」である。現在、その痕跡はほぼ残されていないが、茨田堤の遺構が残る場所があるという。門真市宮野町にある堤根《つつみね》神社だ。

　京阪本線の大和田駅を降り、商店街や住宅地を抜けたところに神社は鎮座する。社殿の横を通って裏側に向かう途中に茨田堤の顕彰碑と堤に関する説明板、そして石碑がある。石碑の後ろのフェンス越しに見える、盛り土になった部分が堤の跡らしい。

「なんや、しっかり残ってるやん」と思い、神社から出て堤の方へ。堤跡はフェンスに囲まれていて立ち入ることはできないが、東側が小さな空き地になっていて、門真市教育委員会の説明板が設置されていた。それによると、二〇一二年に発掘調査が行われた結果、鎌倉時代に築かれた堤防状の遺構と判明し、茨田堤と断定するには至っていない、とある。

それならばと、別の石碑もあるとの情報をネットで探り当て、その場所に向かう。石碑が建てられているのは寝屋川市の淀川河川敷。ただし、この石碑は一九七四年、明治時代に行われた淀川改修から百年になるのを記念して建てられたもの。茨田堤との関連性は低い。

堤根神社東方に残る「茨田堤」の遺構を示す石碑

確たる痕跡を見つけられず、がっかりしながら駅へ向かう。しかし歩きながら、いろんなことに気づきもしたし、考えも浮かんだ。

まず、現在の淀川の堤防から川沿いを走る京阪線に向かうまで低地が続く。土地の高さは川面とあまり変わらないのでは、との感がある。そして、堤根神社の茨田堤跡から淀川までは、距離にして三キロから四キロほどある。これでは洪水を防ぐのに役に立たない。さらに堤根神社の北側には古川という川が流れ、寝屋川の石碑から最寄りの京阪線香里園《こうりえん》駅まで行くにも、いくつかの水路や小川を越えなければならない。

かつての淀川は、もっと川幅が広かったのだろうか。だが現在、河川敷を含めて約五〇〇メートルなのだから、堤根神社までの距離を加えると四キロ以上になる。それは考え難い。ならば、低湿地だったところに古川のような支流が蛇行し、大雨が降ると淀川本流も含めてすべてが洪水を起こしていた、と仮定した場合、被害を最小限にするには、本流と支流の流れる一帯を犠牲にし、その境に堤防を築いたのではないか、と推察できるのだ。

安治川の開削工事

茨田堤以降も、たびたび治水工事は行われ、豊臣秀吉も堤防道の「文禄堤《ぶんろくつつみ》」を築いている。江戸時代には、幕府の命を受けた豪商の河村瑞賢《かわむらずいけん》による治水工事が行われ、一六八四年から淀川河口をふさぐように位置していた九条島《くじょうじま》を開削して安治《あじ》川をつくり、水流をほぼ直線にする。これによって九条島は東西に分割され、西側を「西九条」と呼ぶようになる。今日、安治川を隔てて、阪神電車とJRの西九条駅と阪神と地下鉄の九条駅があるのはそのためだ。

現在の安治川河岸に行くと、土佐堀川と堂島川が合流した中之島の西端から、ほぼ直線で大

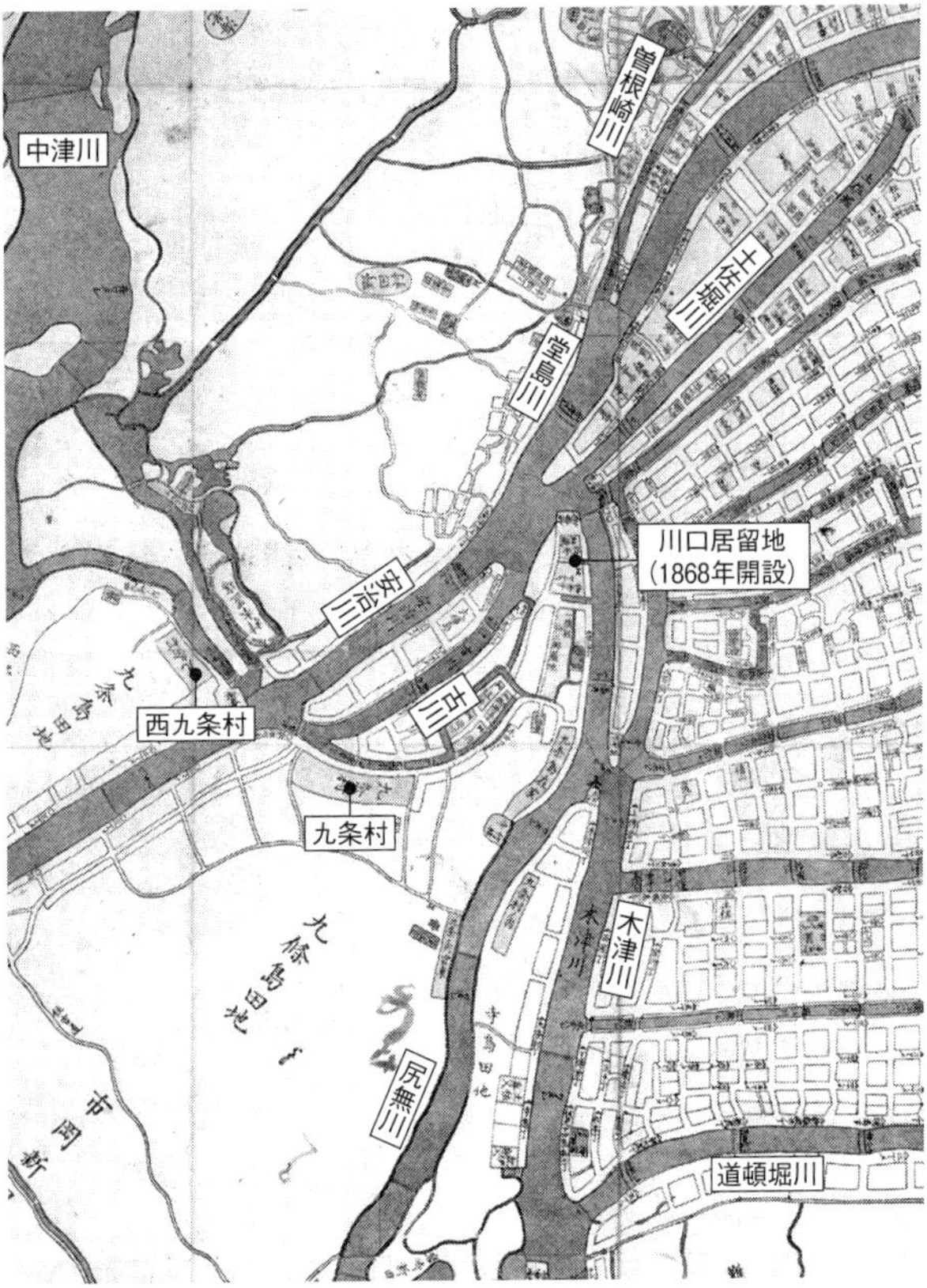

1825年当時の安治川周辺（『文政新改摂州大阪全図』をもとに作成。原図は南が上になっていたものを南北を回転して表示。大阪市立図書館デジタルアーカイブ）

阪湾に流れていくのがわかる。これがなかったとしたら、土佐堀川と堂島川の流水は南下する木津川を通るしかない。木津川は道頓堀川《どうとんぼり》と合流しつつ尻無川《しりなし》と分流し、南へ向かって住之江区で大きくカーブして大阪湾へそそぐ。排水は悪そうだし、淀川というよりも木津川が洪水を起こすことも考えられる。

安治川の開削によって、木津川と分流する地点に港が設けられ、江戸へ物資を送る菱垣廻船《ひがきかいせん》の出発地にもなった。また、堂島川や土佐堀川に入る海からの入り口でもあるので、蔵屋敷へ米を運ぶのにも役立つ。安治川は重要な水路として、江戸期には「天下の台所」を支え、明治以降の近代化にも大きく貢献することになるのである。

現在、堂島川と土佐堀川が安治川、木津川と合流する地点は、運河と阪神高速や土佐堀通などの鉄橋が立体的に交差するビュースポットとなっている。近くにある阿波座《あわざ》交差点のジャンクションも、頭上に阪神高速の高架が入り混じり、巨大構造物マニアにとっては垂涎《すいぜん》の的の場所だ。とくに夜景が素晴らしいので、機会があればぜひ訪れてほしい。

話が横道にそれたが、それたついでにもう一つ。木津川の河口には、一八六八年の大阪開港と同時に設けられた外国人居留地（川口居留地）があった。程なく神戸に居留地ができたために衰退してしまったが、いまでも遺構が残っている。その代表格が川口基督《キリスト》教会で、赤い総レンガ造りの荘厳な建築物は見ごたえがあり、往時の様子を伝えてくれる。

『菱垣新綿番船川口出帆之図』（含粋亭〈歌川〉芳豊〈よしとよ〉画）に描かれた千石船が行き交う江戸末期（1854-1860年頃）の安治川（出典：にしのみやオープンデータサイト）

中之島の西端に位置する堂島川、土佐堀川と安治川の合流地点

安治川の開削で、「水害問題はこれで大丈夫」と思いきや、近代に入ってもしつこく洪水が大阪を襲う。一八八五年六月から七月にかけて続いた「淀川大洪水」もその一つで、発達した低気圧の影響で淀川の堤防が次々に決壊し、被災者は約三〇万人にも上った。

当時の淀川は、大阪市内を流れる本流の大川、北部の中津川と神崎川に分かれ、どの川も大きく蛇行していた。川幅も狭くてスムーズな排水が難しい。そこで、この洪水をきっかけに淀川の洪水対策として、一九一〇年に現在の守口市から大阪湾まで、全長約一一キロメートル、幅約八〇〇メートルにわたる新しい川が開削された。

これがいまの淀川で、かつては「新淀川」と呼ばれ、大阪市街地の洪水被害を抑えることになったのだ。

1885 年の「淀川大洪水」で流失した天満橋（大阪市立図書館デジタルアーカイブ）

淀川改良工事で開削された完成当初の新淀川（『大阪府写真帖』国立国会図書館デジタルコレクション）

†もう一つの暴れ川・大和川

淀川と並んで河川流域の住民を悩ませたのが大和川だった。

現在の大和川は大阪平野の南東部を北上する石川と合流して西に向かい、堺市と大阪市の市境を通って大阪湾にそそいでいる。江戸時代まで大和川は石川と合流すると北上し、上町台地のふもとを通って淀川と合流していた。

しかしこの流路では、大雨などで川の水量が増えるとすぐに洪水が起きてしまう。そのため淀川同様、古代から幾度も治水工事が行われてきた。

最初は、やはり仁徳天皇。高津宮の北側に運河を掘り、西に排水するようにする。その後も幾度か治水工事は行われ、七八八年頃には、貴族の和気清麻呂《わけのきよまろ》による工事も計画された。清麻呂は、「川を掘り、堤を築いて荒陵《あらはか》の南から河内川を西方に導き、海まで通そうと思う」と言《ごん》上《じょう》したとの記録が、平安時代初期の歴史書『続日本紀《しょくにほんぎ》』に記されている。この「荒陵」とは当時、荒陵寺とも呼ばれていた四天王寺のこと。河内川は大和川から分岐した平野川と推定されている。

つまり、清麻呂は四天王寺の南側に運河を開削し、平野川の流れを大阪湾まで直進させようとしたのだ。しかし、この工事は失敗に終わる。ただ、天王寺区にある堀越町、北河堀町、南

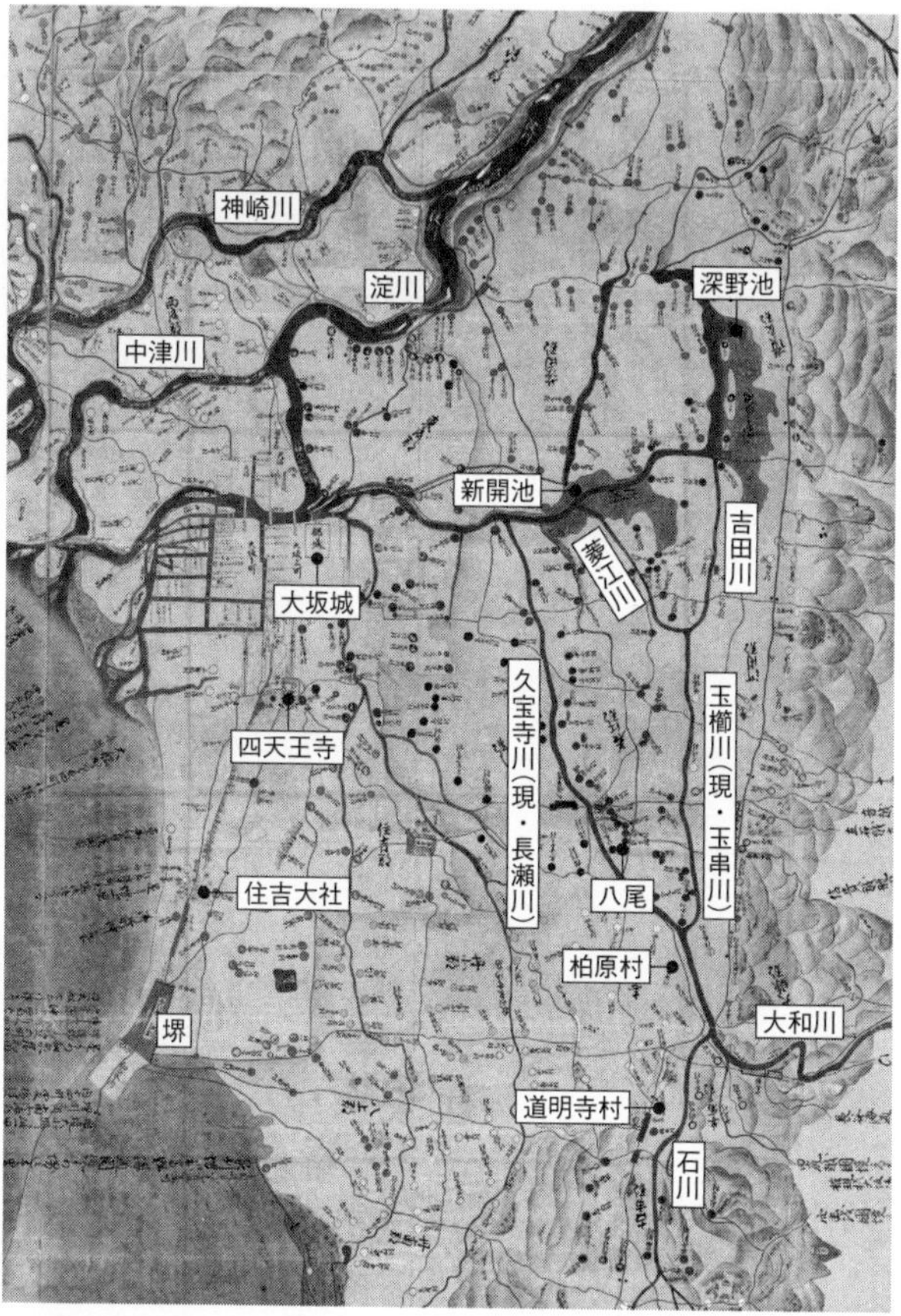

大和川が付け替えられる前の大阪平野(『摂津河内国絵図』をもとに作成。国立国会図書館デジタルコレクション)

天王寺駅の東側、上町筋と玉造筋の交差点に架かる南河堀歩道橋。谷町筋沿いには「堀越神社」という名の神社も鎮座している

河堀町などの地名や、大阪の難読駅名の一つ、近鉄南大阪線の「河堀口《こぼれぐち》駅」は、この工事に由来しているともいわれている。

その後も対策は取られるが、なかなか決め手に欠ける。堤防をつくりはするが、逆に流路は固定されてしまう。大和川を西へ直進させれば万事解決ということはわかっていても、そう簡単には手をつけられない。費用や技術の問題に合わせて、付け替え予定地の村からの反対もあり、土地収用も困難を極めた。

それでも一七〇三年一〇月に、幕府は大和川付け替えを正式に決定する。翌年から工事がはじまり、事業は大名による普請（公儀《こうぎ》普請）という形で進められた。当初三年はかかると思われていたが、付け替え工事はわずか八カ月で完成したとされている。

大和川の付け替えの起点となったのが、石川と合流する現在の柏原市だ。最寄りは近鉄大阪線の安堂駅か道明寺線の柏原南口駅で、安堂駅の西側を走る国道25号線の脇には「大和川治水

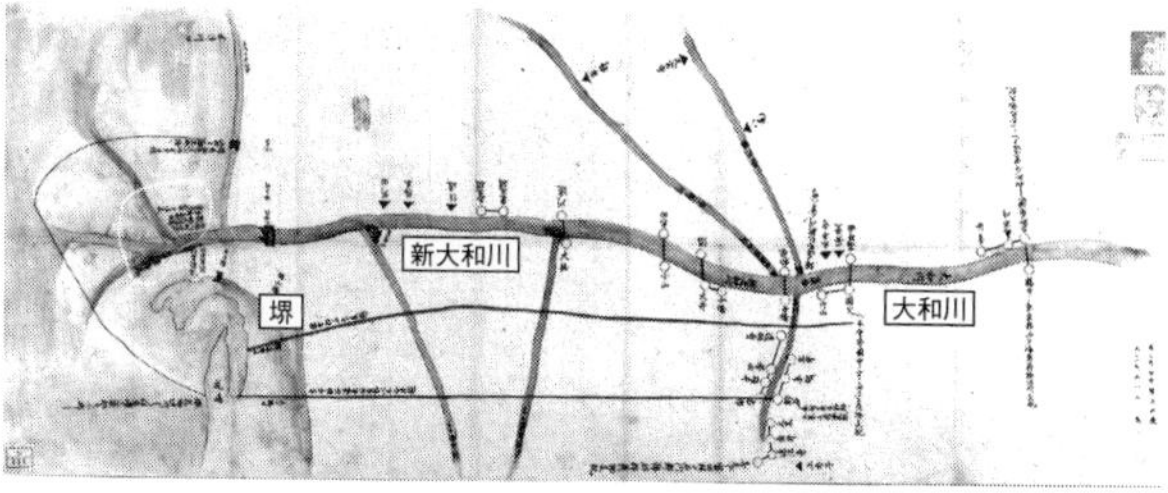

付け替え間もない頃の大和川の絵図。物資の輸送ルートを描いたものとされている（『大和川之図（写）』をもとに作成。堺市立中央図書館所蔵）

記念公園」がある。公園内には河内郡今米村《いまごめ》（現・東大阪市今米）の庄屋ながら、幕臣とともに付け替え工事を指揮したとされる中甚兵《なかじんべ》衛《えい》の銅像が建てられている。

しかし、この付け替え工事により、約二七〇ヘクタールもの田畑が失われ、住居も退去を余儀なくされた。すべての人に恩恵をもたらしたわけではないのだ。その代わりでもないだろうが、久宝寺川や玉櫛川などの旧川筋や、水の流入が途絶えて水量の減った新開池、深野池などで新田開発がはじまった。もっとも大きな規模で行われたのが鴻池《こうのいけ》新田《しんでん》で、いまでもその名が東大阪市の町名（鴻池――）やJR学研都市線の駅名に残されている。

ここまで、大阪の地形がどのような経緯で形づくられてきたのか、約二五〇〇万年前までさかのぼって説明してきた。本章の冒頭にも記したが、土地の成り立ちを知るということは、その町の生い立ちを理解することにも通じる。

では、このような地形的要因を持つ大阪がどのような歴史をつむぎ、現在の大阪を〝大阪たらしめた〟のか。次章では古代から近代までの大阪の軌跡を追ってみたい。

第二章　なにわヒストリア

†弥生時代の巨大建物

　関西で歴史のある都市といえば、京都や奈良を挙げる人がほとんどだろう。確かに京都は一二〇〇年の都だし、奈良はヤマト王権発祥の地だから認めざるを得ない。しかし、大阪も負けず劣らず、いや視点を変えれば京都や奈良に匹敵するほどの歴史を持っている。

「そんなことといっても、海だったんだから、大した歴史なんてないんじゃないの?」

　そんなふうに思うのは、早合点というものだ。大阪にも縄文時代や弥生時代の遺跡は多い。そのなかでも全国屈指とされるのが、泉州北部の泉大津市と和泉市の境に広がる弥生時代の巨大集落「池上曽根遺跡《いけがみそね》」である。広さは南北一・五キロメートル、東西〇・六キロメートル、総面積六〇万平方メートル。一九五〇年代に遺跡の存在は確認されていたが、泉州地域を縦断

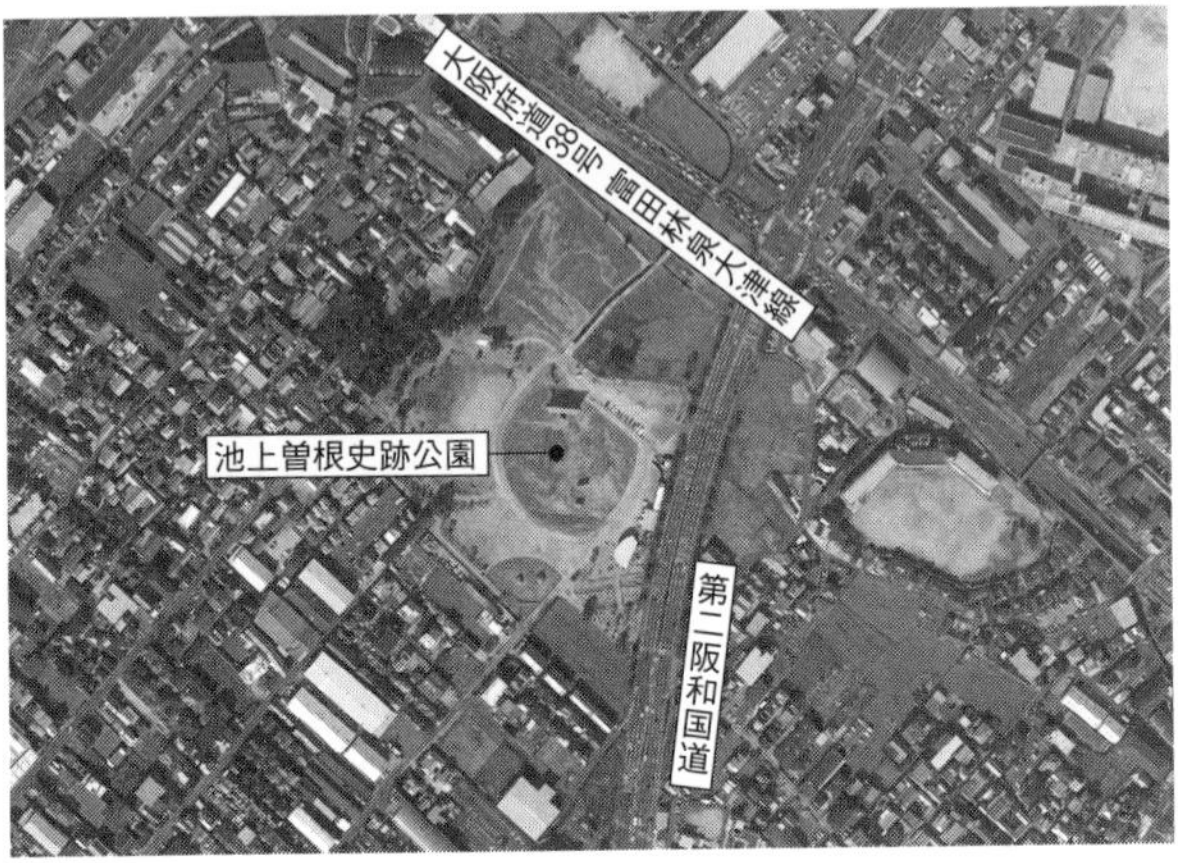

池上曽根遺跡につくられた池上曽根史跡公園（国土地理院空中写真をもとに作成）

する第二阪和国道（新国道26号線）を新設する際に、府の教育委員会によって遺跡の範囲確認調査が実施された。

池上曽根遺跡には、住居跡のほかに抜きん出て大きな施設跡が発見された。規模は床面積で一三三平方メートル（約八〇畳）に及ぶ。現在「いずみの高殿《たかどの》」として復元されているが、これが神殿とみなされた。この神殿を中心に住居が並び、しかもエリアの周囲は人工の堀で囲まれていた。このことから古代地中海の環濠《かんごう》都市になぞらえられたのだ。

さすがに「邪馬台国は泉州にあった」とはいわないが（そんなことを口にする住人も皆無ではないが）、「弥生時代にすでに都市が成立していた」と騒がれたことはある。しかし、当初から「弥生都市論」は考古学会から疑問視され、中国の史書『魏志倭人伝』に記されているような「クニ（小国）」ではなく、大規模な「農耕集落」というのが現在の有力説だ。

なお、もともとの国道26号線は、海側を走る紀州街道に並行して通っていた。現在の府道堺阪南線である。ただ、片側一車線だったので渋滞が起きやすく、緩和のために新しい国道26号線を山手側に敷設することになったのだ。着工は一九六九年、全線が開通したのは一九八三年だった。わたしが高校生だった八〇年頃に工事はピークを迎えていたが、遺跡付近は長く中断されていた。趣味のバイクで走っていると、途中で行き止まりとなる。遺跡の発掘調査が理由だったと知るのは、ずいぶんあとのことである。いまも池上曽根遺跡付近は道路が大きくカーブしている。

†倭国の威光を示す古墳群

弥生時代の終わり頃からはじまるのが古墳時代。三世紀中頃から七世紀頃までの期間を指すが、この時代のトピックといえば、時代の名称通り古墳が多くつくられたことである。なかでも、巨大な前方後円墳が造営された四世紀後半から五世紀中頃がピークであり、この時代を代表する古墳群が、二〇一九年に世界遺産に登録された「百舌鳥《もず》・古市《ふるいち》古墳群」だ。百舌鳥古墳群に四四基、古市古墳群には四五基が現存し、このうち構成資産に含まれるのが両古墳群をあ

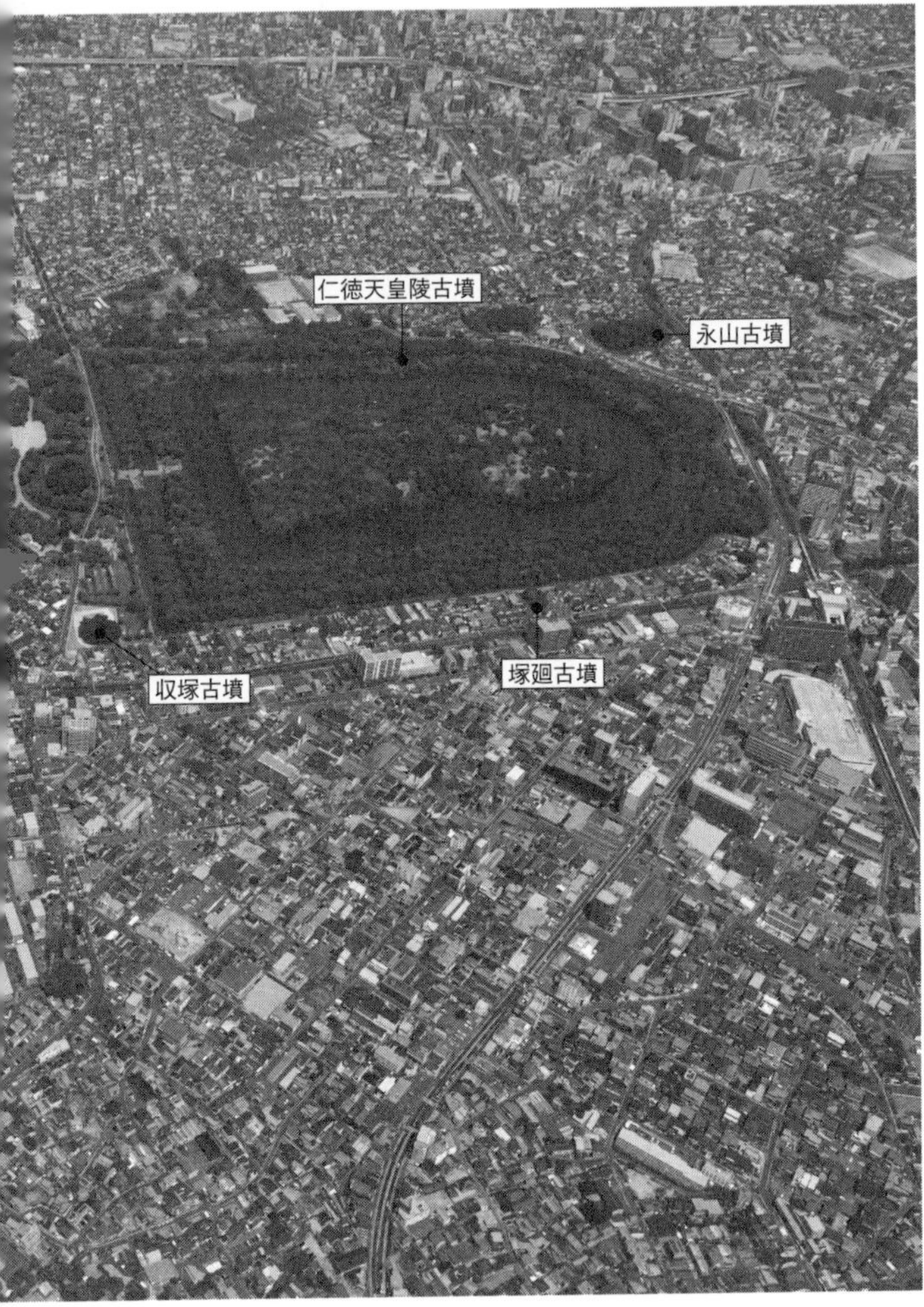
仁徳天皇陵古墳
永山古墳
塚廻古墳
収塚古墳

東側上空から見た百舌鳥古墳群の全景。大仙公園内にも大小さまざまな古墳が12基現存している（堺市提供写真をもとに作成）

わせて四九基。最盛期には二〇〇基以上が存在していたとされる。

両古墳群は「百舌鳥・古市」とひとくくりで称されるため、隣接もしくは近距離にあると思われるかもしれない。しかし、百舌鳥古墳群は堺市の北西部、古市古墳群は藤井寺市と羽曳野《はびきの》市にわたる。位置関係については地図を確認していただくとして、それなりの距離がある。たとえば、百舌鳥古墳群の仁徳天皇陵古墳（大山《だいせん》古墳）から古市古墳群の応神《おうじん》天皇陵古墳（誉田《こんだ》御廟山《ごびょうやま》古墳）までは、約一三キロも離れているのだ。

そもそもなぜ、百舌鳥と古市に巨大古墳群が築かれたのか。

その理由は、当時のヤマト王権が中国や朝鮮半島との関係を重視していたことにほかならない。両古墳群が造営された当時、朝鮮半島では新羅《しらぎ》、百済《くだら》、高句麗《こうくり》の三国が覇を競い合い、権益を高めるために中国へ貢ぎ物を差し出していた。それは「倭国《わこく》」と呼ばれていた日本も同じ。また朝鮮半島の国々と日本は相互の交流も行っており、中国からの使者も受け入れた。

中国や朝鮮から都のあった現在の奈良や大阪に行くには、瀬戸内海を通ってまず「難波津《なにわつ》」と呼ばれた大阪湾や内海の河内湖に到着する必要がある。そのとき遠来の使者がまず目にするのが巨大な墳丘《ふんきゅう》の古墳というわけだ。

ちなみに、百舌鳥古墳群と古市古墳群の間には河内《かわち》大塚山《おおつかやま》古墳という、全国で第五位の規模を誇る古墳があるが、両古墳群には該当しないとして世界遺産のリストには加えられていない。

大阪湾を臨む築造当時の百舌鳥古墳群を再現したCGイメージ画像（堺市提供）

しかも造営されたのは巨大古墳築造のピークを過ぎた六世紀後半。そんな時代に、なぜこのような場所に大きな古墳がつくられたのかは、いまも謎である。

現存する古墳の多くは、うっそうとした木々の生え茂った小山でしかない。しかし、神戸市の五色塚《ごしきづか》古墳や八尾市の心合寺山《しおんじやま》古墳のような、当時を再現した古墳を見ると、葺石《ふきいし》が敷き詰められ、円筒埴輪《えんとうはにわ》も並べられている。墳丘は見上げるほどの高さがあり、その姿はかなりダイナミックだ。

墳丘長が一九四メートルの五色塚古墳でもそんな印象を受けるのだから、仁徳天皇陵古墳などの四〇〇メートル以上の古墳なら、圧倒されるほどの威圧感を与えたことは想像に難くない。そして、そのような巨大建造物をつくる土木技術を有していることは、「倭国、侮り難し」と海外の使者たちの度肝を抜くのに、相当の効果があっただろう。

†古墳時代の歩き方

百舌鳥古墳群で墳丘長が最大の古墳は、全国でも一位の仁徳天皇陵古墳（四八六メートル）。二位の履中《りちゅう》天皇陵古墳（上石津《かみいしづ》ミサンザイ古墳・石津ヶ丘古墳）は三六五メートルで、全国三位だ。古市古墳群では、一位が応神天皇陵古墳（四二五メートル）で、全国では二位となっている。つまりは、百舌鳥・古市古墳群で上位一位から三位までを独占しているのだ。

しかし、先にも触れたように古墳の現在の姿は、ただの小山。小さな古墳の中には、〝更地の土置き場〟と化しているものもある。

古市古墳群の赤面山《せきめんやま》古墳は西名阪自動車道の高架の下にポツンとあり、同じく古市古墳群の隼人《はやと》塚《づか》古墳は四方を民家に囲まれている。隼人塚古墳の墳丘を見ようとすれば、人様の家と家の間にある隙間からのぞかなければならない。

それでもこれらの古墳が保存されているのは、皇室の財産として宮内庁の管理下にあるからなのだろうが、もう一つは地域住民の愛着なのである。ただし、宅地開発などによって取り壊された古墳も少なくないのだが。

とはいえ、古墳は自然にできた山ではなく、まごうことのない〝人工物〟である。さらに、ヘリコプターや飛行機にでも乗らないと、墳丘全体をながめることはできない。前方後円墳の

周囲を田園に囲まれた昭和30年代初め頃の仁徳天皇陵古墳（岸和田市立図書館所蔵）

古市古墳群の中央に位置する応神天皇陵古墳。外濠と外堤の跡地は国史跡に指定されている

カギ穴のような形を知るには、周囲を見渡して想像力を働かせるしかないのだ。

重機もトラックも測量機器もなかった時代に、あれだけの規模の建造物をつくる。もちろん、上空から全容を確認することもできない。にもかかわらず、きちんとしたフォルムに仕上げることができた。一九八五年に大手ゼネコンの大林組が行った試算によると、仁徳天皇陵古墳を

高速道路の高架下に保存されている赤面山古墳。一辺15メートルの方墳で、国の史跡に指定されているが、世界遺産には含まれていない

高槻市にある今城塚古墳公園の「埴輪祭祀場」。大王の祭儀を再現したという復元埴輪が200点以上並ぶ

造営するのには、現代の工法で一日六〇人が働いて、工期は二年半かかるとしている。これが古代工法だと一日延べ二〇〇〇人で一五年八カ月を要するそうだ。

それほどのプロジェクトの末、巨大古墳群は築造された。それには、古墳の設計を担当した土師《はじ》氏という集団が大阪の南部に存在していたからだ。なお、土師氏は倭国の氏族とされているが、朝鮮半島から渡ってきた渡来人から知識と技術を得た可能性があるといわれている。

古墳の楽しみ方は、古代史の教養講座的な理解はさておき、目の前の現物を前に、遥かむかしの大阪の風景に思いをめぐらせる想像力にあるといっていいだろう。

†史実とされる日本最古の内乱

六世紀半ばに仏教が日本に伝わり、時の欽明《きんめい》天皇は、この新しい神を祀るかどうかを群臣にたずねる。これに対し、大臣《おおおみ》という高い地位にあった蘇我稲目《そがのいなめ》が仏教受容に賛成する一方で、大臣に匹敵する大連《おおむらじ》の地位にある物部尾輿《もののべのおこし》は反対の立場を取る。ここからヤマト王権は「崇仏派」と「廃仏派」に二分され、確執は稲目と尾輿の跡を継いだ馬子《うまこ》と守屋《もりや》の代まで持ち越されることとなった。

両者の対立はエスカレートし、用明《ようめい》天皇が崩御した五八七年に「丁未《ていび》の乱《らん》」と呼ばれる内乱が、現在の柏原市から八尾市付近で勃発する。この辺りは、物部氏の本拠地だったので、守屋

八尾市渋川町にある渋川天神社。約１キロ先の植松町には、物部守屋の邸宅跡とされる渋川神社が鎮座する

は地元で兵を集め陣容を整えてから、都から攻めてくる蘇我軍を迎え撃とうとしたのである。

戦端が開かれたのは柏原市にある大和川と石川の合流地点とされ、物部軍が壊滅したのは八尾市の中心部といわれている。しかし、いまの柏原市や八尾市に戦場跡としての面影は皆無だ。それでも古戦場の名残が点在するというので訪ねてみた。

降り立ったのはマンションや戸建て住宅の多いJR八尾駅。駅から線路に沿って八分ほど歩くと、住宅地の中に物部氏の別宅だったとされる渋川天神社（渋川廃寺址）が鎮座している。この神社からは一九三五年頃、当時の国鉄が行った工事で飛鳥時代のものとされる瓦や塔心礎《とうしんそ》が出土。そのことから、この付近に物部氏の氏寺である渋川寺があったと考えられている。

どうして廃仏派の物部が寺を構えているのか？　そんな疑問を抱いた人もいるかもしれない。渋川寺自体は丁未の乱のあとに建立されたといわれている。とはいえ、主が亡くなったからといって、残されたものがさっさと宗旨替えをするのもおかしな話だ。

そもそも「崇仏廃仏論争」で語られる丁未の乱だが、その実、新興勢力である蘇我氏と、古くからの実力者である物部氏の勢力争いが高じて騒乱に発展したというのが、近年では有力な説なのだ。そんな貴重な史跡であるにもかかわらず、渋川寺跡の石碑があるだけ。境内に鳥居と小さな社殿はあるものの、玉垣もない質素な雰囲気だ。滅ぼされた物部氏の侘《わび》しさが、そこはかとなく感じられてしまう神社である。

渋川天神社から南へ二〇分ほど歩くと、国道25号線が通じ、住宅地から商業エリアの繁華街となる。自動車の通行量も多い八尾市太子堂にあるのが、聖徳太子（厩戸王《うまやどのおう》）が物部守屋と戦った地に建てたとされる大聖勝軍寺《だいしょうしょうぐんじ》だ。

丁未の乱の当初、戦力に勝る物部軍が優勢で、蘇我軍は苦戦を強いられた。そんな戦闘のさなか、聖徳太子は白膠木《ぬるで》の木で四天王（仏法の守護神である持国《じこく》天、増長《ぞうちょう》天、広目《こうもく》天、多聞《たもん》天〔毘沙門《びしゃもん》天〕）を彫り、「この戦に勝てば寺塔を建てて三宝（仏・法・僧）を広めん」と祈願している。内乱は蘇我軍が勝利を収め、聖徳太子は約束を守って四天王寺を建立したとされる。

このとき同時に建立された太子堂が、のちに大聖勝軍寺と名づけられた。寺の門前には「佛法元始聖徳太子古戦場」の石柱が立ち、境内には討ち取った守屋の首を洗ったとされる守屋池や、戦乱から太子の命を守ったという「神妙椋木《しんみょうむくのき》」が残されているなど、見るものが多いのも特徴だ。なお、大聖勝軍寺の近くには物部守屋の墓や守屋を討った矢を埋めた「鏑矢塚《かぶらやづか》」などが点在している。一四〇〇年以上も前に起きた内乱の跡は、二一世紀の現在も伝えられているのである。

†在りし日の四天王寺

『日本書紀』によると、四天王寺は五九三年に創建されたとある。日本で初めての官寺《かんじ》、つまり国が管理する寺院だった。本格的な仏教寺院としては、飛鳥寺《あすか》が五九六年に創建されているが、あくまでも私的な寺院である。大聖勝軍寺も当初は仏教寺院ではなく、山号の「神妙椋《りょう》樹山《じゆさん》」と寺号が推古《すいこ》天皇から与えられたのは五九四年のこと。建立の経緯や規模は、大きく異なる。

四天王寺の場所は、第一章で紹介した上町台地だ。なぜ、飛鳥（現在の奈良・明日香村一帯）ではなく、わざわざ大阪の地に？　と思いたくもなる。一説には飛鳥から見て西の端に位置することから、世界の西には極楽があるという「西方浄土信仰」にもとづいているとされる。だが、もっと現実的な考えでいえば、やはり渡来する使節団へのアピールだろう。

古墳時代以降、国際港として栄えていたのが上町台地の西にあった難波津。港には大陸や朝鮮半島からもたらされる物資が運び込まれ、入港する船団に対して豪奢な寺院伽藍《がらん》を見せつけ

明治後期の四天王寺。写真の五重塔は 1812 年に再建されたもの（『浪花名勝』国立国会図書館デジタルコレクション）

西重門から見た現在の四天王寺の中心伽藍。中門、五重塔、金堂、講堂が直線に並ぶ形は「四天王寺式伽藍配置」と呼ばれる

たのだ。巨大古墳と同じ役割である。仏教もまた難波津から淀川を通り大和川をさかのぼって、「仏教伝来の地」として知られる現在の奈良県桜井市金屋に伝わったとされる。仏教だけでなく多くの渡来品も渡来人も、このルートを利用したことは容易に考えられるのだ。

さて、四天王寺の開祖は聖徳太子といわれているが、創建時の太子の年齢は二十歳前後で、そこまでの実力も権力もない。となれば、当時、権勢を振るっていた蘇我馬子が主となって建立したと考える方が妥当のように思われる。難波津から都、そして飛鳥へ通じる水路を完全に掌握した馬子が、自身や国家の威厳を誇示するためだ。台地にそびえる四天王寺の塔やお堂は海上からもよく見えたことだろう。

四天王寺はその後、落雷や地震、戦災などで伽藍は何度も失われてきた。一九四五年の大阪大空襲では境内のほとんどが焼失してしまう。現在の中心伽藍が再建されたのは一九六三年のことで、五重塔は八代目となる。和宗総本山 四天王寺のホームページには、「各方面の人々の協力を得て復興への努力がなされ」て四天王寺は再興したと書かれているが、こんなところに大阪人の四天王寺への思い入れを感じるのである。

なお、一九六三年以降の再建に際しては、飛鳥時代の建築様式を再現したといわれているが、創建当時の姿を知ることはできない。ただ、再建を請け負った金剛組は、四天王寺を建立するときに招聘《しょうへい》された宮大工の末裔《まつえい》だとする。いまも業務を行っている金剛組は、一四〇〇年以上続く世界で最古の現存する会社として知られている。

†「王陵の谷」を歩く

百舌鳥・古市古墳群のような四世紀から五世紀後半の古墳群とは違い、六世紀から七世紀にかけての古墳約三〇基が南河内地域に存在する。聖徳太子が活躍したともいわれる時代だ。その太子の墓があるのが磯長谷《しながだに》古墳群で、場所もずばり南河内郡太子町である。

太子町周辺は古代に「近《ちか》つ飛鳥（河内飛鳥）」と呼ばれていた地域であり、狭くいえば太子町と羽曳野市の一部、広くとらえれば柏原市や河南町《かなんちょう》を含む。蘇我氏もこの地域の出身だとする説もある。磯長谷古墳群には聖徳太子の墓のほかに、推古天皇をはじめ四基の陵墓があり、「王陵の谷」もしくは「王家の谷」という異名を持つ。また、これらの五基の陵墓はウメの花びらにたとえて、「梅鉢御陵《うめばちごりょう》」ともいわれている。

百舌鳥と古市の古墳群は海外に倭国の威信を示すため、海沿いに造営された。だとすれば、内陸部の磯長谷に古墳がつくられたのはなぜなのか？　謎の解明には、現地に赴くのが手っ取り早い。

磯長谷古墳群の最寄りの駅は、近鉄南大阪線上《かみ》ノ太子駅。そこから徒歩約二五分で聖徳太子御廟のある叡福寺《えいふくじ》に到着する、と簡単に書きたいところだが、叡福寺に着くまでは、かなり急

孝徳天皇
大坂磯長陵
推古天皇
磯長山田陵・竹田皇子墓
二子塚古墳
小野妹子墓

大阪府南河内郡太子町の磯長谷古墳群周辺（国土地理院空中写真をもとに作成）

な坂道を上らなくてはならない。坂沿いには宅地開発された星和台の新興住宅地があり、真新しい家が立ち並んでいた。

坂を上りきると、今度は下り坂。その途中の叡福寺境内の高台に聖徳太子墓がある。その後、蘇我馬子の墳墓とされる場所に向かうが、飛鳥時代の絶対的な権力者の墓にしては拍子抜けするほど、こぢんまりとした塚があるだけだった。通説では、馬子の墓は奈良・明日香村にある石舞台《いしぶたい》古墳とされているが、そちらが正解だろう。その後は、用明天皇陵（春日向山古墳）、孝徳《こうとく》天皇陵（山田上ノ山古墳）、推古天皇陵（山田高塚古墳）、敏達《びだつ》天皇陵（太子西山古墳）を順に訪れた。

「王陵の谷」や「王家の谷」という名称は、貴人の古墳が多いことからエジプトの王家の谷にならった比喩だと思っていた。しかし実際は、磯長谷の名が示すように、「谷」の名に偽りはなかった。目的の陵墓を訪ねるにも文字通りの山あり谷ありだ。そして現地に立てば、聖徳太子や各天皇の墓は谷の窪地を見おろす位置にあるのが実感できる。

この地に多くの御陵が築造されたのは、大和飛鳥から西にあり「西方浄土」をほうふつさせるから、蘇我馬子が権威を示すために自分に縁のある土地の近くを選んだから、日本最古の街道とされる竹内《たけのうち》街道が近くにあるから、など諸説ある。

ただ、飛鳥から西なら磯長谷以外にも場所はあるし、蘇我氏発祥の地は現在の奈良・橿原《かしはら》市

叡福寺境内の高台に位置する聖徳太子御廟

日本初の女帝、推古天皇の御陵。宮内庁は息子の竹田皇子との合葬陵墓に治定している（大阪府太子町提供）

だとする説もある。竹内街道が近いといっても、古墳で権威をアピールする時代は終わっていたのではないだろうか。つまり、どの説もうなずけないことはないが、決定打には欠ける。それでも、ヤマト王権の時代の大阪が、貴人を埋葬するに値する貴重な場所であったことは十分推察できるのである。

†一五〇年の宮都・難波宮

現在の大阪は人口で全国三番目。とはいえ、東京に次ぐ都市だという自負を府民は持っている。これをいうと京都市の人、特に上京区、中京区、下京区の洛中の住民は、「大阪が日本で二番目やなんて、面白いことといわはるわ」と冷笑する。では、彼らが京都を東京に次ぐ都市だと思っているかというと、それも間違い。京都があくまでも日本のトップ。「天皇さんを江戸に貸してるだけ」という意識がある。

そんな京都人の固定観念を覆すような歴史を大阪は持っている。なんと大阪は、副都の期間を合わせると一五〇年もの間、宮都《きゅうと》だったからだ。

六四五年、孝徳天皇は飛鳥から難波長柄豊碕宮《なにわのながらのとよさきのみや》（前期難波宮《なにわのみや》）に遷都する。京都の平安京が都となったのは七九四年なので、その一四九年も前に大阪に都が置かれたことになる。さらに大阪には、奈良時代の七二六年にも聖武《しょうむ》天皇によって宮が置かれた。これが後期難波宮だ。その間、前期難波宮から飛鳥板蓋宮《あすかいたぶきのみや》に宮都が戻されたあとも、難波宮は副都として存続し、都の機能を持ち続けたのである。

前期難波宮に遷都された六四五年といえば、日本史の授業で習う有名な事件がある。年号の語呂合わせ「むじこ」でおなじみの「大化の改新」である。少しおさらいをしておこう。

蘇我氏の長となった入鹿《いるか》（馬子の孫）は実権を握ると専横をはじめる。それに反発したのが中大兄皇子《なかのおおえのおうじ》（のちの天智《てんじ》天皇）と中臣鎌子《なかとみのかまこ》（その後、鎌足《かまたり》に改名）だ。二人は入鹿を暗殺し、蘇我宗家は滅亡する。これを現在では「乙巳《いっし》の変《へん》」という。

乙巳の変のあと、飛鳥から難波に遷都した孝徳天皇は難波宮で制度改革を実行。これが大化の改新で、発せられた詔《みことのり》（天皇の命令）が「改新の詔」（六四六年）だ。ただ、詔の内容については、藤原京跡（奈良・橿原市）から発見された木簡から、『日本書紀』の編者による潤色であることが明らかとなり、詔の存在についても意見が分かれている。

しかし、その後の重要な政治決定の場が奈良から大阪に移ったことは確かであり、天皇親政と中央集権制が進み、のちの律令制につながっていくのである。

†難波宮跡公園から往時を偲ぶ

第一章で述べた通り、難波宮跡とされる場所は上町台地でも標高の高い位置にある。そこから少し離れるが、大阪歴史博物館とＮＨＫ大阪放送局が隣接する場所に高床式倉庫が復元されている。復元倉庫は一棟だけだが、当時は一六棟以上が整然と並んでいたという。これらの倉庫群跡は法円坂遺跡として、国の史跡に指定されている。

大型倉庫は、難波津の港から運ばれてきた物資を保管するために設けられたのではないかとされているが、倉庫が建てられた時代は古墳時代の五世紀だ。となれば、前期難波宮が七世紀の中頃なので、時代に一五〇年ほどの開きがある。すなわち、法円坂遺跡の倉庫群は難波宮が造営される前から、この地にあったことになる。

五世紀といえば百舌鳥や古市の地に巨大古墳が次々に築造された時代だ。したがって、当時の王たちもこの地を重要視し、諸説ある仁徳天皇の高津宮《こうづのみや》の場所も難波宮の地にあったということに説得力が増す。この説が正しいとするなら、大阪は五世紀から都にふさわしい土地だったことになる。

物資を蓄える倉庫群があったということは、経済の中心地だったことを意味する。とすれば、この時代から大阪は「天下の台所」だったといえる。都としての機能は失ったかもしれないが、古代から中世、そして近代から現代にいたるまで、大阪は物流の拠点であり、港湾・交易都市として栄えていたのだ。

一説によると、難波宮はすでに「条坊制《じょうぼう》」を採用したといわれている。条坊制とは、碁盤

難波宮跡公園には、天皇が政治や儀式を行った後期難波宮の「大極殿(だいごくでん)」の基壇が復元されている

法円坂遺跡内に復元された古墳時代の高床式倉庫

目状の道路で土地を正方形に区切り、その中に住居や施設を建てる都市区画制度のこと。最初に採用されたのは六九四年に遷都された藤原京とされているが、もしも難波宮からはじまったとするならば、五十年近く時代がさかのぼる。つまり難波宮は、皇居を置いただけの「宮」ではなく、「京（都）」という都市機能が備わっていたことにもなる。交易を行う人や商いをする人で、難波宮ならぬ〝難波京〟はかなりのにぎわいを見せていたのかもしれない。

上町台地の高台に位置する難波宮の跡地に立つと、大阪湾（難波津）はもはや望めないものの、公園を横断する阪神高速道路の車の音に混じって、往時の人々が行き交う声が聞こえてきそうな気もする。

†難波津の痕跡を探して

「水の都」というよりも「水だらけの都」であった大阪にとって、難波津が海運の要衝であることは紹介した。ところが、現在、難波津と呼ばれた場所がどこなのか、特定することは難しい。治水工事や新田開発の埋め立てで海が遠のいてしまい、当時の海岸線は完全な陸地と化しているからだ。

しかし、今日の大阪の繁栄をもたらした地点だけに、その痕跡だけでも探しておきたい。ということで、それらしい場所を臆測も含めて訪ねてみた。

その一つが中央区天満橋京町にある八軒家浜《はちけんやはま》だ。大川（天満川）が堂島川と土佐堀川に分流する地点にある。江戸時代に八軒の船宿があったことが場所名の由来とされ、淀川水運の船着き場としての歴史は古い。しかし、よくよく調べてみると、八軒家浜付近は「渡辺津《わたなべのつ》」と呼ばれ、難波津とは別物らしいのである。

難波津が開かれたのは仁徳天皇の時代とされ、官船が多く出入りするために、「御津《みつ》」と敬称されたという。

この御津の名を冠する神社が同じく中央区にある。場所は西心斎橋にあるアメリカ村の真ん中に鎮座する御津宮《みつぐう》（御津八幡宮）だ。境内の周囲には若者向けの店が立ち並び、派手な色彩に包まれた町並みの中で、この神社だけがいにしえの雰囲気を醸《かも》している、といった様子である。

さらに、御津宮から御堂筋を渡ったところに三津寺という寺院がある。正式には「みってら」と読むが、大阪人の多くは「みってら」と呼ぶ。「まっちゃまち」と同じ大阪なまりだ。創建は七四四年と伝わり、寺の名前も地名の御津に由来するという。

三津寺は二〇二〇年一月から解体改修工事が行われていたが、二〇二三年一一月に完成。地上一五階・地下三階のビルで本堂が覆われている。

そういえば、御堂筋沿いにある真宗大谷派難波別院《なんばべついん》（南御堂《みなみみどう》）も、ホテルが入居する一七階

明治期の八軒家浜。江戸時代には京都・伏見と大阪を結ぶ舟運の拠点だった（大阪市立図書館デジタルアーカイブ）

往時の八軒家浜のにぎわいを復活させるため、2008 年 3 月に整備された八軒家浜船着場。水上バスや遊覧船が接岸する

建てのビルになった。「日本初の山門一体化ビル」といわれているが、山門の固定資産税をめぐり、市と寺が裁判で争っていた。結果は寺側の勝訴。三津寺のビルに対して大阪市がどのような判断を下すのかはわからないが、繁華街の一等地を活用するという考えは、合理的な大阪のお寺らしいといえなくはない。

御津宮の正面鳥居。創建は仁徳天皇の時代、奈良時代（749年）、平安時代（860年）など諸説がある

「難波津の場所は、御津で決まり」といいたいが、御堂筋から心斎橋筋近辺で港湾施設らしき遺構は発見されていない。しかし、上町台地西側の東横堀川に架かる高麗橋《こうらいばし》辺りでは、古墳時代からの港湾遺構が見つかっている。高麗橋は八軒家浜から西南に約一〇分。となれば、やはり八軒家浜の近くが難波津ということになる。

ともあれ、難波津の所在地がどこだったとしても、大阪の宮都と海外を結ぶ重要な港だったことには違いない。ひいては大陸や朝鮮半島からもたらされる文化・経済の入り口が大阪だったことだけは、まぎれもない事実なのだ。

†参拝者でにぎわった旧街道

ここまで、水路が大阪の発展に大きく寄与したことを述べてきた。では、陸路はどうかというと、大阪は古代から陸上交通の拠点であり、街道の発展になくてはならない存在だった。

日本で最古の官道（国道）とされるのが、『日本書紀』で六一三年に整備されたとある竹内街道だ。起点は堺市の大小路《おおしょうじ》交差点で、ここから奈良・葛城市の長尾神社に至る。もう一つは、堺市から同じく長尾神社に向かう長尾街道で、竹内街道とほぼ同時期に整備されたと考えられている。

古代より堺や住吉も難波津に並ぶ港町で、そこから両街道を通って大陸や朝鮮半島からの使者が都へ向かった。竹内街道も長尾街道も、これら外交のために整備されたとの説もある。

時代が下って平安時代になると、熊野三山（熊野本宮大社、熊野速玉大社、熊野那智大社）への参拝道として、熊野街道が整備される。起点は前述した八軒家浜で、そこから上町台地を縦断して住吉大社から泉州を通り、和泉山脈を越えて和歌山県に入る。

参拝道としては、熊野街道のほかに高野街道がある。霊場・高野山へ向かう街道であり、コースによって四種類に分かれている。一つは京都府八幡市をスタートする東高野街道、二つ目は堺市の大小路橋を起点とする西高野街道、三つ目が平野区の平野宮町から延びる中高野街道、

太子町内の竹内街道の様子

そして天王寺からの下高野街道だ。

歴史的には東高野街道がもっとも古いとされ、高野詣《こうやもうで》が一般的になる以前に整備された官営の古道だとする説がある。ほかの街道が整備されたのは、やはり水運が影響しているようだ。西高野街道は堺の港に、中高野街道は後述する京街道（大坂街道）ともつながっていたので淀川に、下高野街道は八軒家浜に上陸した参拝者が四天王寺に参り、それから高野山を目指したのだろう。

この四本は最終的に一本となって、大阪府と和歌山県の境である紀見峠を越える。下高野街道と中高野街道は大阪狭山市や河内長野市で西高野街道と合流し、西高野街道は河内長野駅前の商店街の入り口で東高野街道と合流している。

さらに時代が下れば、大阪と京都をつなぐ街道として京街道がある。京街道は奈良時代から存在

東高野街道と西高野街道の合流地点を示す石碑

する古道だとされるが、整備したのは豊臣秀吉だ。一五九六年、淀川の改修のために文禄堤を築造する際に、堤の上を道路として活用したのである。

ところで、この京街道の宿場である枚方宿と守口宿が、実は東海道の宿場町だったとする説が唱えられている。東海道は「東海道五十三次」で知られている通り、江戸の日本橋から京都の三条大橋まで五三の宿場町があった。だが幕府は京街道も管轄に置き、四カ所の宿場町を設置する。それが京都の伏見宿と淀宿、大阪の枚方宿と守口宿である。このことから、京街道も東海道の一部として「東海道五十七次」とするものだ。

この説は昭和に入ってからにわかに脚光を浴び、守口市と枚方市の町おこしにも活用されているそうだ。実際、両市内の街道沿いを歩けば古い家屋も見られ、宿場町としての雰囲気が残っている。

このように、かつての大阪は水路だけでなく陸路でも都とつながる交通の要衝だった。家でたとえれば、都の玄関も廊下も大阪だったことになる。大阪を守れば家の奥も安心だ。大阪の地政的な重要性は、水路だけでなく陸路にもあったのだ。

†「ものの始まりなんでも堺」

堺というのは大阪でも独特の町だという気がする。それは何も、大阪府で二番目に人口が多く、しかも政令指定都市だということだけではない。歴史上でも、堺は大阪よりも前に都市として発展し、独自の文化を育んできた。そんな堺の歴史を、改めて振り返ってみたい。

長尾街道や竹内街道の起点だったことからもわかるように、堺は古代からの港町だった。さらに、大きな河川の流入もなかったので堆積物が少なく、難波津よりも水深は深い。大型船の入港も可能だった。

堺がもっとも隆盛を誇ったのは、室町時代から戦国時代。全国随一の国際貿易港として発展を遂げてからだ。東アジアだけでなく、東南アジアやヨーロッパの荷物も運び込まれる堺は、「日本のもっとも富める港であり、全国の金銀の大部分が集まるところ」と評される。この言葉は戦国時代に来日したポルトガルの宣教師、ルイス・フロイスによるもので、著書『日本史』の中で表現したのが「東洋のベネチア」である。

当時の堺は、戦乱に巻き込まれ幾度か兵火で焼け尽くされることもあった。それを防ぐため

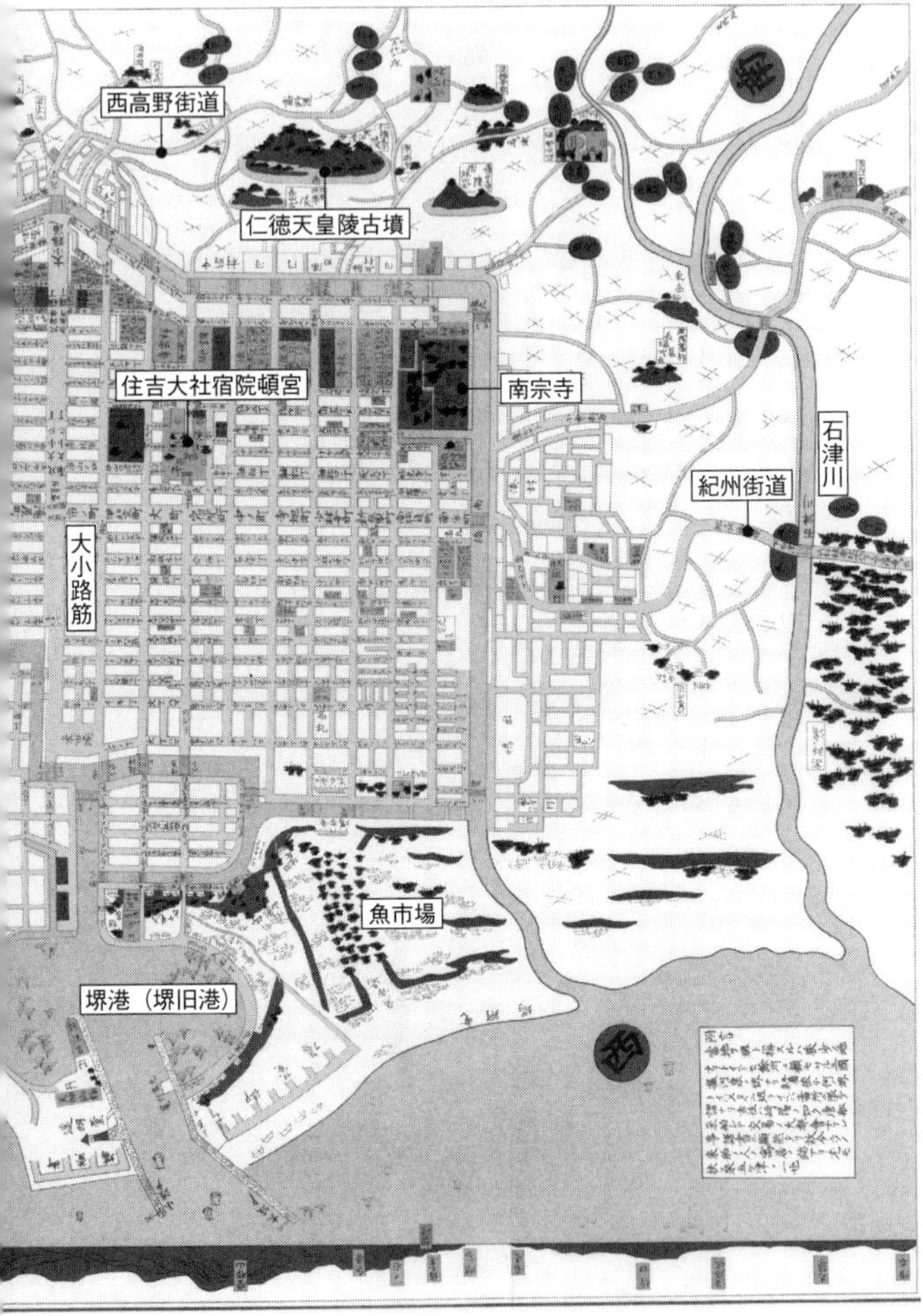
西高野街道
仁徳天皇陵古墳
住吉大社宿院頓宮
南宗寺
石津川
紀州街道
大小路筋
魚市場
堺港（堺旧港）

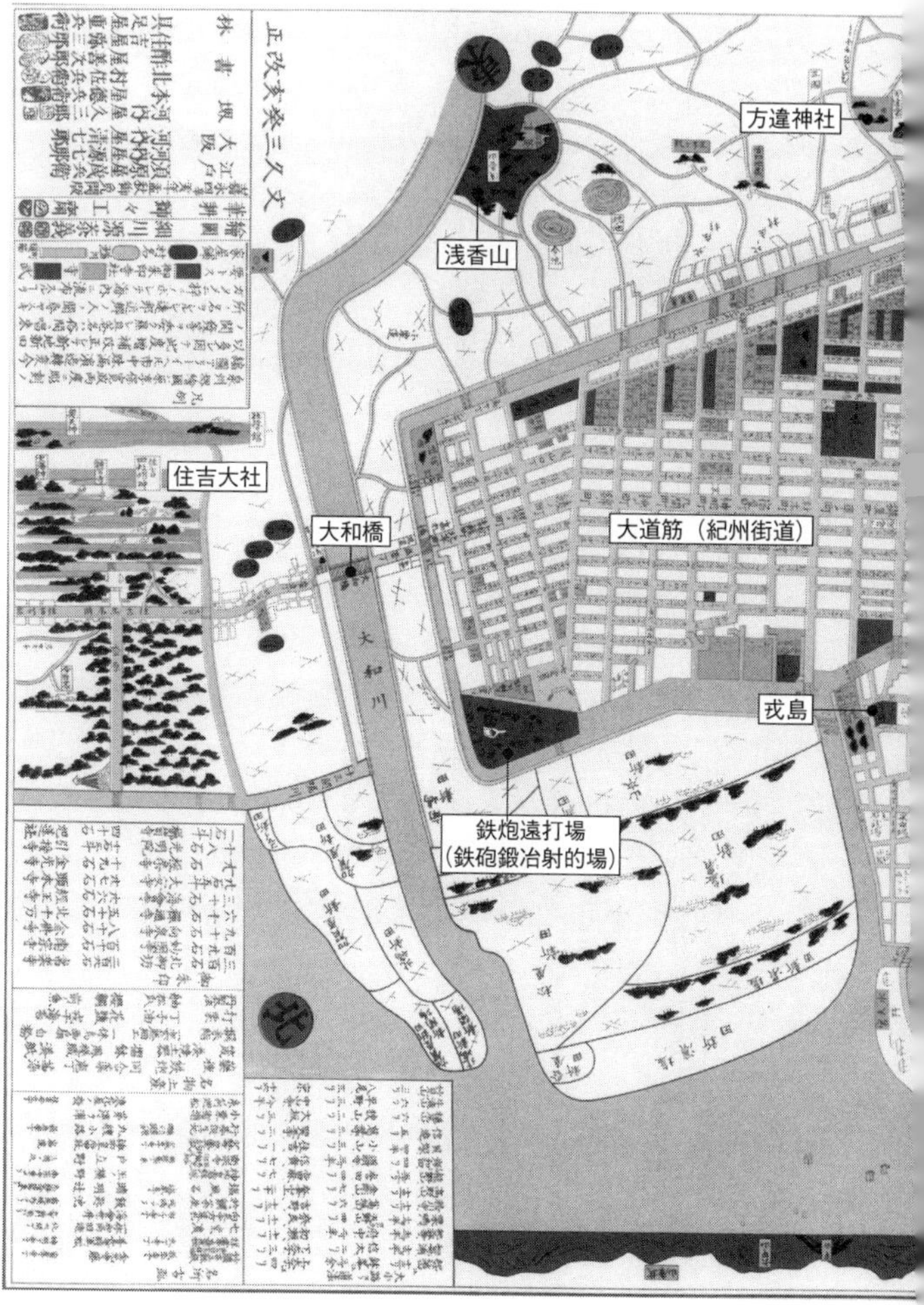

1863年改正の『堺大絵図』に描かれた近世の堺の町割り（『文久改正堺大絵図』をもとに作成。堺市立中央図書館所蔵）

堺の中心部を東西に走る大小路筋（1902 年前後の写真）。明治初期まで摂津国と和泉国の国境だった（『堺大観　六』堺市立中央図書館所蔵）

現在の大小路筋。この通りをはさんで北（写真左）が摂津、南（写真右）が和泉になる

に町を濠《ほり》で囲み、南北約三キロメートル、東西約一キロメートルに及ぶ環濠都市を形成し、どの戦国大名の支配も受けず、「会合衆《えごうしゅう》」と呼ばれる町人たちで町を運営する自治都市となった。これが、堺と同じ貿易都市・自由都市だったイタリアのベネチアになぞらえられたのだ。

一六一五年の大坂夏の陣で、一度灰燼《かいじん》に帰《き》したものの、このような歴史的な経緯もあってか、いまも堺の人のプライドは高い。大阪よりも歴史が古いことや、かつて自治都市だったことが裏づけになっていて、さらに市がキャッチフレーズとして、「ものの始まりなんでも堺」と掲げるように、貿易だけでなく鉄砲などの工業生産力も高かったからだ。大阪で工業が盛んになったのは明治時代以降だが、堺は中世から工業都市でもあったのだ。

そのうえ明治元年（一八六八年）には、堺を中心とした「堺県」が設置された。その範囲は現在の堺市と大阪府東部の河内国《かわちのくに》、南西部の和泉国《いずみのくに》、そして奈良県全域の大和国《やまとのくに》である。つまり、奈良は堺県の一部だったのだ。

こうなると、「堺は大阪府の一部」という意識は薄れる。そのため、「大阪には負けてまへんで」という自負があり、神戸や横浜と同様、「大阪出身ではなく堺出身」ということにこだわりを持つ人も少なくない。ただ、堺市全域ではなく、あくまでも旧環濠都市エリアの住人だけだが。この辺りは京都人のいう、「ほんまに京都ていえんのは、上京区、中京区、下京区だけどす」と同じだ。

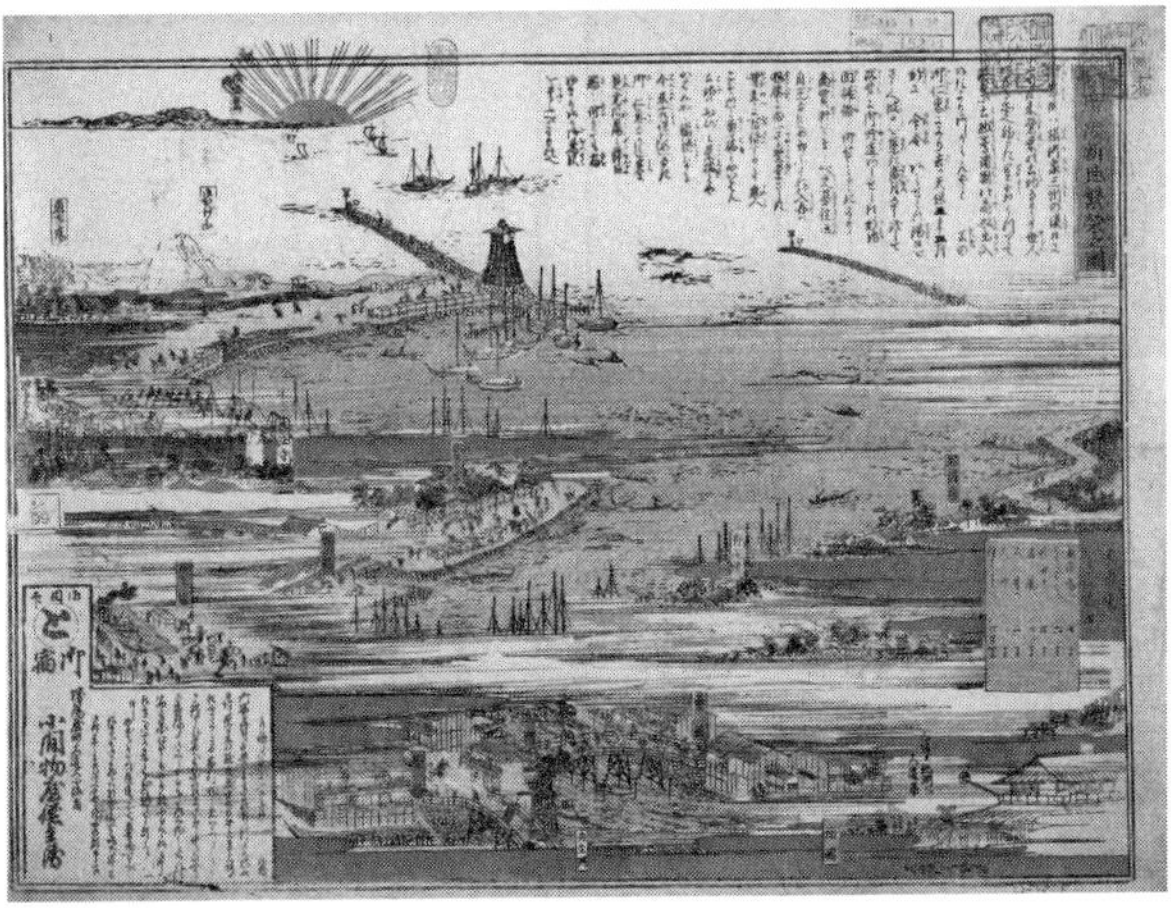

1834年頃の堺港の繁栄ぶりを表した引札（広告チラシ）（『泉州堺湊新地繁栄之図』堺市立中央図書館所蔵）

南海本線堺駅の西に位置する堺旧港。現在は親水プロムナードとして整備されている

そもそも堺は貿易と商業で発展した町なので、人の流入も多く多様性に富んでいた。そのうえ堺という地名の由来でもある三つの国（摂津・河内・和泉）の境界に位置するので、〝お国柄〟にも縛られない。ただ、そんな独自性が四百年以上の年月を経ることで、頑固ともいえる住民気質を生み出してしまう。すなわち、「サカイ・アズ・ナンバーワン」という意識だ。

戦前、戦後に遊郭やストリップ劇場が置かれ、大浜公園という全国でも屈指のレジャー施設があり、昭和の後期までは、観光地もしくは歓楽街として大阪随一といわれるほど盛況を呈していた。一九七八年に安土桃山時代の堺を舞台にしたNHK大河ドラマ『黄金の日々』が放送されると、「ドラマにあったみたいに、むかしの堺はすごかったんやで」と、〝なんでも一番〟意識に拍車をかけた。異論反論もあるだろうが、わたしの知っている堺の旧市街地の人には、そんな性格が多い。

ただ、最近の堺市は、旧市街地の堺山之口商店街はシャッター商店街と化し、店舗や企業の数も減少傾向にあるように見える。しかし、「それでも堺が一番！」と思って

堺区北旅籠町西に残る鉄砲鍛冶屋敷。建物は江戸初期の建造とされる

1902年頃の乳守（ちもり）遊郭。紀州街道沿いの一角にあった（『堺大観　四』堺市立中央図書館所蔵）

いるプライドは、すがすがしいほどである。いま、いくら大阪人が、「東京がどないしたちゅうねん！」とイキがってみても、心のどこかに、「まあ、勝てるわけはないけどな」という意識が見え隠れする。そもそも大阪人は、諦めが早いのだ。対照的に、堺の人はいつまでたっても地元が一番、地元大好き。この気概は、ほかの大阪人にも見習ってほしいものだ。

太閤秀吉のインフラ事業

数多い戦国大名の中で、百戦錬磨のように思える織田信長だが、てこずった相手がまったくいなかったわけではない。信長がもっとも苦労した敵といえるのが本願寺だ。本願寺は鎌倉時代に親鸞《しんらん》が開いた浄土真宗の総本山で、大坂本願寺は一四九六年に第八世宗主の蓮如《れんによ》が上町台地に坊舎を建てたことにはじまる。

大阪の本願寺は石山本願寺ともいい、信長と本願寺との戦いは「石山合戦《かっせん》」と呼ばれる。しかし、石山本願寺の名称が記録に登場するのは江戸時代以降のことなので、石山合戦も「大坂本願寺の戦い」とする研究者がいる。

これまでに説明した通り、上町台地の西は海で東は湿地、北は淀川が流れて大和川が合流していた。そのため淀川の河川敷には荷揚げ用の寺内之浦という港も設けられていた。そんな大阪の地を、信長は喉から手が出るほど欲しかった。

大阪城二の丸にある「石山本願寺推定地」の石碑

信長の一代記である『信長公記《しんちょうこうき》』には、「大坂は凡《およ》そ日本一の境地（土地）なり」とあり、国際貿易都市であった堺や京都、奈良に近い。また西国からの進攻に関しても、大阪は要の場所だ。本願寺を支援した毛利《もうり》元就《もとなり》をはじめとした中国地方の武将や九州、四国の西国大名の監視や進軍を食い止めるためにも、大阪は絶好の場所だったのである。

信長は約一〇年にわたる戦いを経て本願寺と講和し、大阪の地を手に入れるが、一五八二年に本能寺の変で倒れる。その後、「日本一の境地」に君臨するのが豊臣秀吉である。秀吉は一五八三年から、石山合戦で焼失していた大坂本願寺の跡地に大坂城を築きはじめるが、築城と同時に城下町の整備に取り掛かった。上町台地に町割りをつくって町人の居住スペースを設けたのだ。

このときに秀吉は、ある施策を実行している。それは道路での区画ではなく、通りをはさんだ両側で町を形成するというものだ。これを「両側町《りょうがわちょう》」という。大坂を経済の中心地にしようと考えた秀吉は、同じ町の商人たちを向かい合わせることで一体感を高め、親しく交流することで経済活動の活性化を目指したといわれている。

両側町なので、東西の通りに面した家々が一つの町となる。そのため南北の通りに面した家では、隣り同士でも町名が変わってしまう。実際に町を歩いていると、隣り合ったビルなのに異なる町名になっている街区表示板を発見できる。街区表示板のマニアがいるかどうかは耳にしないが、もしいるとするならば垂涎の的だろう。

秀吉は城下町の町割りを進めたのと同時に、画期的なインフラ整備も行っている。なんと城下町に下水道を設置しようとしたのだ。「太閤下水《たいこう》」もしくは「背割下水《せわり》」と呼ばれる日本で最古の排水溝だ。町境に通した下水道は豊臣時代に原型がつくられ、江戸時代になってさらに拡張され、いまも現役の下水道として利用されている。

その下水道を確認しようとしても、当然ながら許可なしに見ることはできないが、中央区の

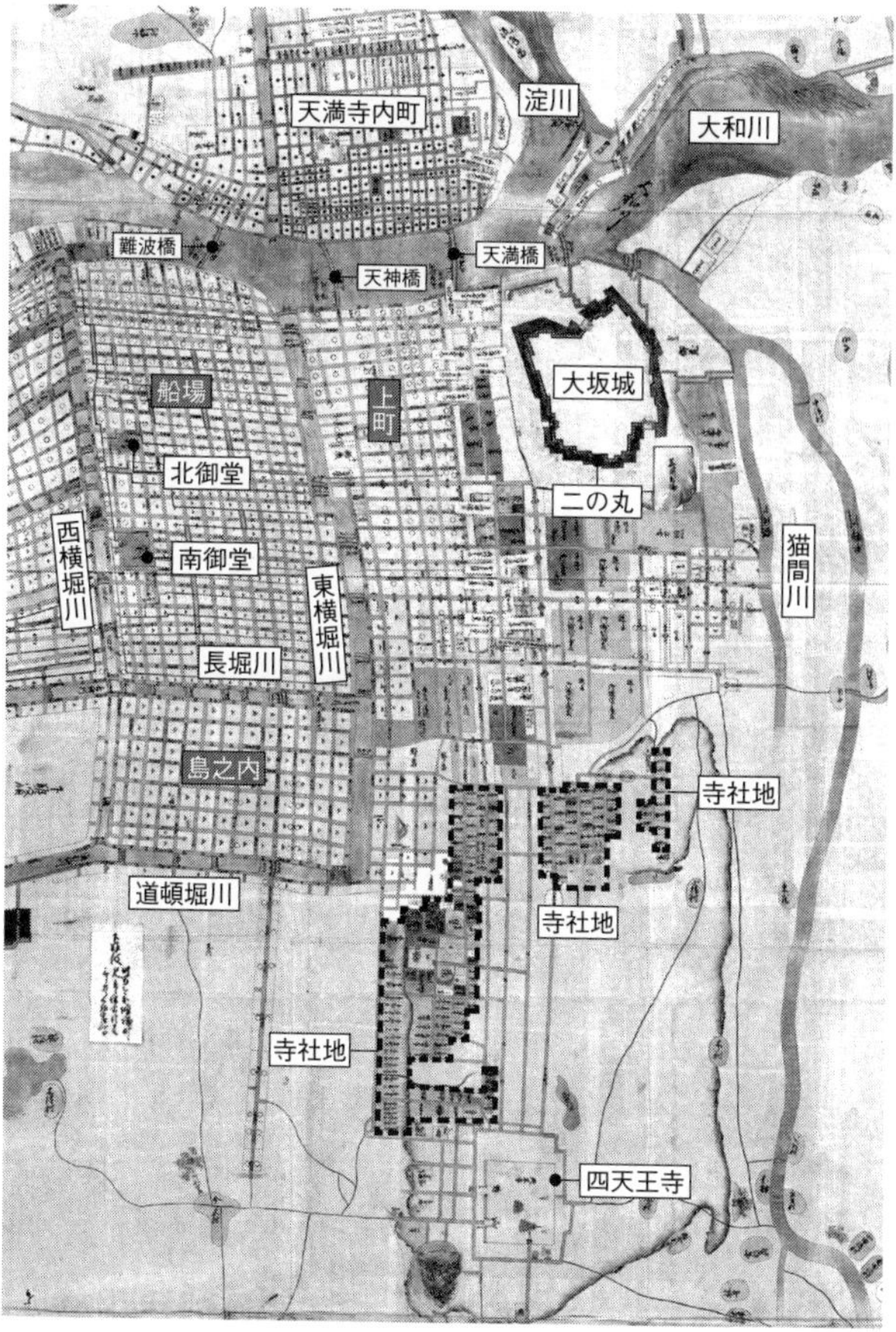

近世（1670 年頃）の大坂城城下町（『大阪町中並村々絵図』をもとに作成。国立国会図書館デジタルコレクション）

隣り合った建物なのに町名が別であることを示す街区表示板

南大江小学校の西側に太閤下水の見学施設がある。歩道の横にポツンとあり、だれでもいつでものぞき窓から見学できる。なお、南大江小学校の所在地は中央区農人橋《のうにんばし》だが、南半分は和泉町にまたがっている。これも両側町ならではだ。

かつての城下町界隈、谷町筋と東横堀川にはさまれたエリアはオフィスやマンションが立ち並び、上品な雰囲気に満ちている。道路もほぼ碁盤目に区切られていて、秀吉の町割りをいまに伝える。ここは西に進むほど坂が多くなり、上町台地の高低差を知ることができる。坂の行き止まりが東横堀川。秀吉の時代は「西惣構堀《にしそうがまえぼり》」といい、城郭の外周を守る堀だった。各家から集めた汚水をスムーズに流すには、それなりの傾斜が必要だ。太閤下水は上町台地の地形をうまく活用したからこその産物だといえるのだ。

一方で城の南側の堀には水が張られなかった。空堀《からほり》とした理由については明らかにされていないが、台地の形が凸状になっているため、東西の低い堀から水を引けなかったからと考えら

「太閤下水」の見学施設。窓越しに下水道を見ることができる

れている。現在、空堀の跡には商店街があり、その名も空堀商店街。大阪城から難波宮跡を通って南へ通じる上町筋から、南北への道路である谷町筋と、上町台地の西端になる松屋町筋をつなぐ東西八〇〇メートルにわたるアーケード通りだ。

空堀商店街の周辺には急な坂や階段が多く、場所によっては六メートル近い崖になっている。これが空堀の痕跡だ。空堀は東西に直線ではなく、途中で何度かクランク状になっていて、そのため、必ず南北に傾斜があるわけではなく、東西に地面が下りているところもある。空堀は大坂冬の陣で埋め立てられているため、現存の地形は豊臣時代のままとはいえないものの、全部を埋めることができずにいまの形が残されたとの説がある。

商店街の中に坂がある空堀商店街。西から東にかけて長い上り坂が続く

ここで、ウンチクを紹介。

本書では、たとえば大阪城について歴史的な事柄について記すときには、大坂城と表記するという、ややこしいことをしている。というのも、現在の大阪の表記は「こざとへん」の「阪」だが、かつては「つちへん」の「坂」だったからだ。

その理由には諸説あり、一つは「坂」を分解すると「土に反《かえ》る」と読めることから縁起が悪いとするもの。もう一つは、やはり分解すれば「士が反する」、つまり「武士が反抗する」という意味に捉えられ、武士の世を終わらせた明治新政府が変更したというものだ。

さらにもう一つが、役人による書き間違え説だ。上層部に提出する重要な書類に「大阪」と書かれて提出されてしまったため、そのまま地名となってしまった。大正時代初期に発行された『大阪市史』には、府の官印に「大阪府印」と「大坂府印」の二つがあったとし、「偶然に起こりしにて、必ずしも深き理由ありしにあらざるべし」（偶然起きたので、別に深い理由はない）とされているので、書き間違え説が正解かもしれない。もし誤記がなければ、いまも「大坂」のままだった可能性はあるのだ。

大阪城は「太閤はんの城」なのだ

難攻不落の大坂城だったが、秀吉の建てた城は大坂夏の陣で失われる。徳川幕府は、その跡地を土砂で埋め尽くし、上書きするかのように城郭を整える。それが現在の城郭だが、天守は一六六五年の落雷によって焼失。以降、天守がないままだった。いまの大阪城天守閣は一九三一年に再建されたものだ。

昭和の天守閣は鉄筋コンクリート製で、『大坂夏の陣図屏風』に描かれている秀吉の天守をもととして建てられた。すなわち、徳川の土台の上に豊臣の天守を再現したことになる。泉下の秀吉は複雑な心境だろう。

ただ、このことを見てもわかるように、大阪人にとって大阪城とは、「太閤はんの城」なのだ。コンクリート造りでエレベーターつきという点に、「文化史跡として、どうなのか?」という意見もないではないが、「楽して登れるんやったら、それでもええんとちゃうか」という

右は『大坂夏の陣図屏風』から天守が描かれた部分（出典：Wikimedia Commons)。左は復元当初（1931 年）の大阪城天守閣の絵はがき（『大阪名所絵葉書帖』大阪市立図書館デジタルアーカイブ）

のが多くの大阪人の感想だ。

なお、「豊臣大坂城」の痕跡は石垣程度しか残されていない。大阪城の天守閣前に、金属のふたが乗せられた井戸のようなものがある。ここから地下に潜ると豊臣時代の石垣が見られるそうだが、残念ながら一般公開はされていない。

だが、石垣を見られるのはここだけではない。中央区大手前の大阪府立男女共同参画・青少年センター（ドーンセンター）には、建築時に地下から発見された石垣が移築・復元されている。同じく大手前の追手門学院小学校にも、東館の地下二階に「おうてもん石垣ギャラリー」が設けられ、遺構が展示されている。ギャラリーは原則として関係者以外は立ち入り禁止だが、道路沿いに設置されたガラス窓から鑑賞することができる。

さらに現在、「大坂城豊臣石垣公開プロジェクト」が進められている。これは初代大坂城の石垣公開に向けて市が中心となって実施しているもので、すでに公開施設の建築工事が進められている。「ふるさと納税」形式のクラウドファンディングも行われており、目標金額は五億円だが、二〇二三年一一月末時点で四億三〇〇〇万円を超えている。

追手門学院小学校の東館に設置された「おうてもん石垣ギャラリー」

「大阪のシンボルは?」とたずねられて、通天閣やあべのハルカス、万博公園の太陽の塔などを挙げる人がいるかもしれない。それでも大阪人のほとんどは、大阪城の天守閣がシンボルだと認識していると思う。ここに城ができたからこそ、城下町の開発も行われた。すなわち、町に城が建てられたのではなく、城が建てられたからこそ、「大坂」という町が生み出されたからだ。

†大阪人の反権威主義

大阪人は人懐っこいといわれる。誰にでも話しかけ、すぐに仲良くなれるともいわれている。わたしは、そんなタイプではないが、知り合いの中には〝逆人見知り〟が多いような気がする。近年のインバウンド客からも、大阪人は「親切で優しい」と評されているそうだ。

「東京で道をたずねても、無視されるか知らないといわれるだけ。その点、大阪なら言葉が通じなくても、わざわざ目的地まで連れて行ってくれる」との意見が多いらしい。大阪人としては、鼻が高い。

大阪は商人の町なので、居丈高にしていては商いが成り立たない。偉いのは「権力を持っている人」ではなく、「お金のある人」だ。では、そんな「反権威主義」はどうして生まれたのだろうか。

大坂夏の陣で秀吉の城下町は焼け野原となった。しかし、秀吉が都市機能の土台を築いていたからこそ、徳川治世の大坂を容易につくり出すことができた。船場《せんば》の町人町《ちようにんまち》や中之島の蔵屋敷も、秀吉のあとを受けてさらなる整備がすすめられた。

その経済機能を、幕府は江戸に移すことをしなかった。江戸が大都市に発展しても、武士は儒教の教えから商業を卑《いや》しむ傾向があったからだ。「商人の町・大坂」は、秀吉が構想して着手し、徳川幕府が完成させたといっても間違いではない。

さらに江戸期の幕藩体制の中で、大坂には絶対的な権力を持つ藩は存在しなかった。摂津も河内も和泉も、全体を治める領主はいない。高槻や岸和田といった藩があったところは別として、そのほかの地域に武士はほとんどいなかった。藪田貫《やぶたゆたか》氏の著者『武士の町 大坂「天下の台所」の侍たち』（講談社学術文庫）によると、江戸時代の大坂の人口は約四〇万人で、そのうち武士は七七一〇人から八一〇五人。比率は約二パーセント程度だったとする。

支配階層である武士が少ないのだから、「身分の違い」や「お上《かみ》の権力」という観念は希薄になる。「士農工商」は厳格な身分の序列ではなく、「武士とそのほか」という程度のものでしかなかった、というのが現在の通説だ。つまり、大坂には身分の違いが江戸ほども大きくはなかった。そこから生まれるのは、おおらかで人づき合いのいい、寛容の精神である。大阪人が人懐っこいとされるのは、そんな歴史的背景が裏づけとなっているのではないだろうか。

「身分の差があまりない」という点では、現在の店選びにも表われている。客を叱《しか》り飛ばすママのいるスナックが東京ではウケるという。ほかにも、客に食べ方を注意する寿司屋、頑固な店主のいるラーメン屋などなど。大阪で客にそんな態度を見せると、またたく間に閉店に追い込まれるだろう。

身分差がなく権力を嫌う大阪人は、上から押しつけられるのが大嫌いだ。「なんで金はろてまで、偉そうにされやなあかんねん」と思ってしまう。大切なお金を使うのだから、丁寧に扱われるのが当たり前なのだ。そして、その当たり前をきちんとこなす店には、客の方も丁寧に接する。店員に対して「ありがとう」という。食事を終えたら「ごちそうさま」という。この態度が、大阪人の長所だといわれている。大阪では当たり前のことなのだが。

†幻に終わった大阪首都計画

京都人の中には、いまだに東京を首都と認めていない人がいるという。現役世代はさすがにそれほどでもないが、そのような京都人にとっては、東京の政府は政治を任せている出先機関でしかない。朝廷が鎌倉や江戸の幕府に政務を委任していたとする認識と同じだ。

では、そんな京都の人に、「実は、大阪が首都になってたかもわかりまへんで」といえば、どんな顔をするのか。驚きのあまり言葉を失うか、〝いけず〟な言葉を投げかけられるかのどちらかだろう。

だが、実際に大阪遷都の構想は存在していたという事実がある。大阪維新の会がいう「大阪府を大阪都にして大阪市を解体する」という「大阪都構想」ではない。本当に大阪を日本の首都にしようという計画だ。提唱したのは大久保《おおくぼ》利通《としみち》。西郷隆盛の盟友で、のちに明治新政府で内務卿《ないむきょう》という、現在の総理大臣に相当する地位を得た明治の元勲である。

明治新政府が成立すると、にわかに遷都についての議論がはじまった。古い慣習が残っている京都のままでは、皇居の奥深くにいる天皇を新たな君主として表舞台に出すことができないからだ。江戸でもよかったのだが、幕末の混乱が収まっていない。一八六八年の鳥羽伏見の戦いこそ政府軍が勝利したものの、その後も戊辰戦争は継続中で、江戸では旧幕臣による上野戦争が起きている。そこで候補地として挙げられたのが大阪だった。

大阪は陸と海の交通の便がよく、港があって外交の窓口や富国強兵政策を進めるうえでも適している。また、旧幕府軍や新政府に従わない武士たちの攻撃に対しても有利な地形でもある。

港区の天保山公園にある「明治天皇観艦之所」の記念碑

これが大久保の挙げた理由だった。

しかしこの計画は、公家やまだ影響力のあった大名たちの反対によって頓挫《とんざ》する。新政府内からも、「関東の政情を安定させるべく首都を江戸に置くべき」といった声が高まって、東京への遷都が決定した。

大久保の「大坂遷都論」は実現しなかったが、その代わりに一八六八年三月から四月にかけて、明治天皇の大坂行幸が実施さ

明治天皇の大坂行幸を描く『本願寺御門跡大坂津村御坊所仮皇居之図』（歌川〈三谷〉貞広画）。本願寺津村別院（北御堂）を行在所とした（大阪府立中之島図書館所蔵）

れた（一〇六―一〇七頁）。行幸は四十日余りにおよび、安治川河口の天保山《てんぽうざん》沖で行われた日本初の観艦式では各藩の軍艦を視察している。

†政界の東京よりも財界の大阪

本章の最後に、「もしも大阪が首都だったら」を個人的に考えてみたい。

皇居は大阪城に置く。当時の大阪城に天守はなかったが、それは江戸城も同じことだ。国会議事堂などの官庁は大阪城の周辺に建て、いまの大阪城公園が皇居前広場となる。

東京の言葉が標準語だと思っている人は多いかもしれないが、標準語と江戸弁は似て非なるものだ。いまどき東京でも「べらんめぇ」や「てやんでぇ」「たまげた」という人は少ない。ただ、アクセントなど言葉のベースは江戸弁を継承している。ならば、大阪が首都であれば、標準語も大阪弁をベースにしたものになる。「そうでっか」や「おおきに」とはいわないまでも、「橋」と「箸」、「飴」と「雨」などのイントネーションの違いは、いまと違ったものになるだろう。

ただし、先に触れたように、大阪人には権力を嫌うという気質がある。そんな土地柄の大阪に、政府の閣僚や役人が集まってくる。しかも、薩摩や長州などの下級武士出身者は、大阪人にしてみれば田舎者である。そのような連中にデカい顔をされると、我慢がならない。「なにを偉そうにしてけつかんねん！」といったところだろう。

薩長人に大きな顔をされるのは、江戸っ子だって腹の虫が収まらなかったはずだ。けれど江戸の人、東京の人は二五〇年も権力にさらされてきた。慣れるのは早い。大阪人は、そうはいかない。何かにつけて役人に反発するのは目に見えている。となれば、円滑な首都行政は望めない。

経済面においても、政治が近すぎると差し障りがある。明治といえども武士の儒学的気質が残されている時代だ。商売を見下す傾向があり、「もうかりまっか」「ぼちぼちでんな」が当たり前に交わされる大阪の気風を毛嫌いする。政府が大阪経済を掌握しようとするかもしれない。この点については、阪急電鉄の創業者、小林一三が著書『小林一三全集』（ダイヤモンド社）の中で、次のような言葉を残している。

必ず東京の事業には政治が伴つてゐる、或は近代の政治組織がこれに喰ひ入つてゐる。東京のあらゆる会社がさうであるといつてよくはないかと思ひます。あらゆる有名な会社事業は大概政治の中毒を受けてゐる。（中略）この政治中心の東京を真似ずして、政治以外に一本調子でやつて行く西の方の財界の精神を尊重して行きたいと思ふのであります。

現在のように交通アクセスが整っていなかった時代、大阪と東京を行き来するのは時間と苦労がともなった。そのため、大阪の経済人は政治のしがらみから離れた場所で、権力者の顔色をうかがうことなく自由闊達《かったつ》に商いができた。だからこそ、第三章で取り上げる「東洋のマンチェスター」「大大阪」と呼ばれた時代が迎えられたともいえる。「大坂遷都」は破綻するが、政治的にも経済的にも、大阪と明治政府の双方にとってよかったことといえるのだ。

第三章 「商都・大阪」興亡史

†水の都の八百八橋

いまでこそ貨物の輸送はトラックが主流だが、自動車も列車もない時代では、多くの荷物を運ぶには船を用いるのがもっとも適していた。ただ、船を通すには水路を整備する必要がある。自然の河川だけでは、船腹量には限界があるし荷下ろしする場所も限られるからだ。

大阪湾から大阪市中まで物資を運び込むために行われたのが運河の開削だった。それは現在の道路網に等しく、この張りめぐらされた運河こそが、商都・大阪を下支えしたのである。

大坂城を築き上町台地の整備を終えた豊臣秀吉は、さらに城下町の範囲を広げる。台地の西に広がる湿地を開拓して、できあがったのが船場だ。船場は商業の中心地で、その名は土佐堀川の船着き場だったことに由来する。だが、時代を経ると、船場は土佐堀川だけの船着き場で

天満堀川
淀川
船場
上町
東横堀
西横堀川
東横堀川
島之内
難波新川
高津入堀川

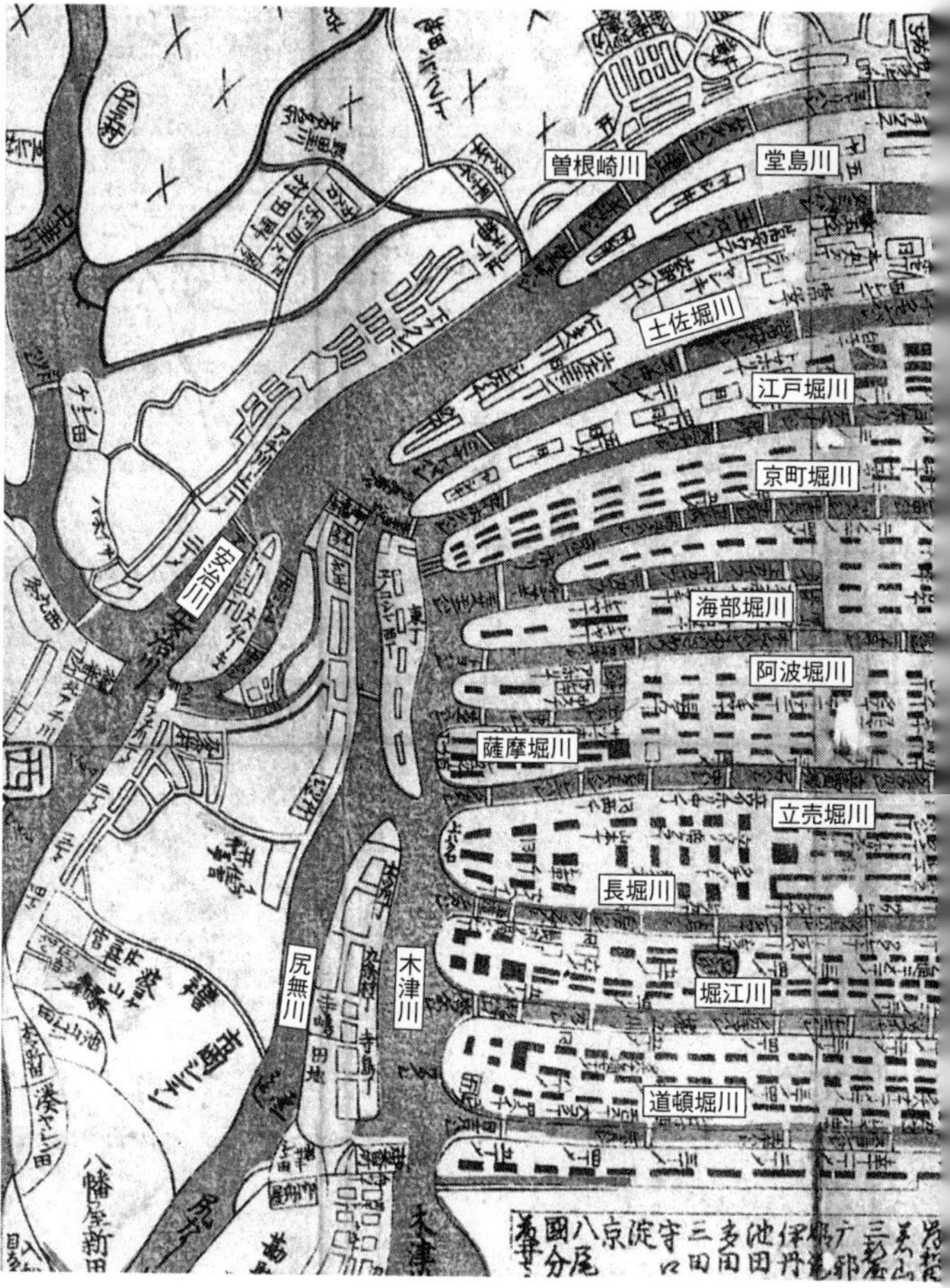

1836年当時の大坂の主な河川と運河（『改正摂州大坂之図』をもとに作成。
大阪市立図書館デジタルアーカイブ）

はなくなる。なぜなら、江戸時代に入るとさらに多くの運河がつくられたからだ。

現在、船場と呼ばれるエリアは、北を土佐堀川、南は長堀通、東は東横堀川で、西側は阪神高速1号環状線（北行き）が走っている。長堀通は元長堀川、阪神高速の高架下は埋め立てられた元西横堀川で、土佐堀川を除くこれらの川は、すべて運河だった。なお、東横堀川は現存し、その上を阪神高速1号環状線の南行きが通じている。

大阪の運河としてもっとも有名なのが道頓堀川だろう。南の端が掘り止めになっていた東西の横堀川をつないで木津川に水を流すため、一六一五年につくられた。さらに一六二二年には長堀川を開削。船場は四方を運河に囲まれ、船で周回することも可能になった。

そのほかにも、西横堀川と木津川をつないでいた堀江川や阿波堀川、江戸堀川、京町堀川など、大阪を縦横に流れていた運河は枚挙にいとまがない。

現在、これらの運河も西横堀川同様、埋め立てられて道路になっている。ただ地図を見ると、船場から東の道路はほぼ直線であるのに、西の道路は元西横堀川から微妙に斜めになっている。すなわち、かつての運河は西横堀川に対して直角ではなく、斜めに流れていたわけだ。その理由については、公儀と民間による開発の違いという話がある。

大阪城から船場エリアまでは、秀吉や江戸幕府が中心となって町並みを整備している。そのため、道路や水路は比較的まっすぐに整えられた。しかし、江戸時代に船場から西の土地を造

右の写真は阪神高速高架下を流れる東横堀川。左は地下鉄四つ橋線肥後橋駅の東側に置かれた「西横堀川跡」の石碑

成したのは町人だった。湿地を埋め立てて道を通し、運河を開く。その際、もともとの水流に沿って水路をつくる。その方が効率的だし、費用もかからない。几帳面な役人仕事と費用対効果を考える民間仕事の違いである。

　その様子を、現在の阪神高速の高架下から確認してみた。すると、かつての江戸堀や京町堀は、木津川に向かって斜めになっていた。船場には、そんなにしょっちゅう来ることもないし、来たとしても道の形に注意を払うことはなかったので、新しい発見に驚きを覚えた。

　その元西横堀川と元江戸堀川が交わる阪神高速の高架下に「筋違橋《すじかいばし》の碑」と橋の親柱が置かれているのを見つける。筋違橋は西横堀川に架かっていた橋で、石碑の説明板には高麗橋筋と江戸堀一丁目にかけて筋違いに架けられていたことが名前の由来だと記されていた。

筋違橋のように、運河や川を渡るためには、当然、橋が必要だ。運河が網の目のように張り巡らされているので、橋の数も多くなる。それが「浪華八百八橋《なにわはっぴゃくやばし》」の由来である。ただし、正確には約二〇〇橋ほどしかなかったらしいが。

運河に架けられた橋の中で特徴的なのが四ツ橋だった。西横堀川と長堀川が交差した地点に「ロ」の字に架けられていた上繋橋《かみつなぎ》、下繋橋《しもつなぎ》、炭屋橋、吉野家橋の総称で、いまは四つ橋筋と長堀通の交差する位置に石碑が残されている。

なお、四ツ橋は「四つ橋」の書き誤りではない。かつての橋の名前と交差点名、そして駅名は「四ツ橋」で、道路と地下鉄の路線名は「四つ橋」。したがって地下鉄の駅は、「Ｏｓａｋａ Ｍｅｔｒｏ四つ橋線四ツ橋駅」となるので、ちょっとややこしい。

いままで挙げた運河のほとんどは、江戸時代に開削されている。しかし、なかには約一四〇〇年前に掘られたとされる運河も存在する。それが鼬川《いたち》である。

鼬川の開削は六世紀の終わり頃で、四天王寺建立の資材の運搬を目的として掘られたという。「イタチが掘り進めた」もしくは「開削者の枕元にイタチが現れて開削ルートを告げた」という伝説が名前の由来といわれている。確かにイタチは泳ぎが得意だが、「なんでイタチやね

1937年に撮影された西横堀川に架かる筋違橋（大阪市立図書館デジタルアーカイブ）

筋違橋の碑と親柱（左側）。親柱は1928年に橋の架け替え時に設けられたもの

昭和初期の四ツ橋を写した名所絵はがき（『大阪名所絵葉書』大阪市立図書館デジタルアーカイブ）

「西長堀川眺望」と題された1938年当時の長堀川（西横堀川との交点から下流）の風景（大阪市立図書館デジタルアーカイブ）

ん」という疑問は、だれもが思い浮かべるところだ。

一八七八年に鼬川の近くを流れる運河の難波《なんば》新川と高津入堀川を連結する工事の際、刳船《くりぶね》（古代の丸木舟）が発掘されているが、その石碑が浪速区難波中の浪速郵便局の敷地内に建てられている。

これら大阪の繁栄を支えた運河も、昭和に入って多くが埋め立てられた。陸上交通の発達で必要がなくなったというのもあるが、水質の悪化も大きな理由だ。そもそも運河は行き止まりであったり、水の流れが滞ったり、排水が流れ込んだりで水質汚染の原因になりやすい。そのうえ自動車の普及により、道路の敷設が急務となる。「埋め立てて道路にしてまえ」という声が、監督官庁からも住民からも上がったことは、想像に難くない。

西横堀川は阪神高速道路の建設が進められるなか、一九六〇年に上流から埋め立て工事がはじまり四年後に完了。下流は一九六七年から埋め立てが開始され、一九七一年に完了している。

埋め立てを免れたなかで、道頓堀川は運河らしい姿をいまに伝えている。ただ、やはり六〇年代から七〇年代頃は、水質の汚染がひどかった記憶がある。悪臭こそなかったものの、ゴミが辺りに浮き、ところどころに油膜が光っていた。当時は両岸の遊歩道もなく、あったとしても濁った川面に近寄ることはためらっただろう。

それでも市や付近住民による水質改善事業の結果、二〇二一年になってヘドロだらけだった

ミナミの繁華街の中心を流れる道頓堀川

川底が砂地になっているのが確認され、アユが住めるほどきれいになっているという。

阪神タイガースが優勝したり、サッカーのワールドカップなどで日本のチームが勝ったりすると、必ずといっていいほど道頓堀川に飛び込む若者がいる。二〇二三年九月一四日に阪神が一八年ぶりのリーグ優勝を決め、一一月五日に日本一となったときも、警察による厳戒態勢の中にありながら、数十人が飛び込んだという。ただ、いくら川がきれいになっても、やめておいた方がいいのはいうまでもない。

†「天下ノ貨、七分ハ浪華ニアリ」

かつて大阪は、「天下の台所」と呼ばれていた。腕のいい料理人が大勢いたからではない。大阪には全国からの物資が集められたため、家の中で生活用具の多い台所になぞらえたのだ。記録によると「天下の台所」という言葉は大正時代から広まったとされ、江戸時代に「大坂は天下の台所やで」といわれていたわけではないらしい。

　とはいえ、第二章で述べたように、大阪は古代より物資の集積地である。交通のアクセスもよく、港湾施設も整った大阪には多くの荷物を運び込みやすい。そのために織田信長も大阪の地を手に入れ、岐阜や安土のような自由に商いのできる「楽市・楽座」を設けようと考えたのだろう。信長のあとを継いだ豊臣秀吉は城下町を整備し、堺などから多くの商人を呼び寄せる。そして、土佐堀川沿いの北浜に建てられたのが「蔵屋敷」である。

土佐堀通と越中橋筋の交差点にある「薩摩藩蔵屋敷跡」の石碑

　蔵屋敷とは、大名らが年貢米や地域の特産品を保管し、管理役が住まう倉庫兼住居のこと。米や特産品は蔵屋敷で換金されるか、流通ルートに乗せて売却されたのだ。もちろん、それらを担ったのが大阪商人だった。

　豊臣政権が倒れても、徳川幕府は蔵屋敷

のシステムを受け継いだ。一六九七年頃、北浜で行われていた米の売り買いを堂島に移転させ、一七三〇年に幕府公認の「堂島米市場」をつくると、天満の青物市場、雑喉場《ざこば》の魚市場とともに、大阪の三大市場となった。堂島の米の相場が全国の相場となり、蔵屋敷は堂島に集中。その数は八〇から一二四にも上るとされる。蔵屋敷が置かれた場所は、堂島を中心に現在の中之島全域とその対岸一帯に広がっていった。

蔵屋敷には全国の物資が集中したため、その売買を請け負う商人の数も増える。商人の利益は大阪に経済発展をもたらしていく。幕末の儒学者・広瀬旭荘《ひろせきよくそう》は当時の大阪について、「天下ノ貨《たから》、七分ハ浪華ニアリ、浪華ノ貨、七分ハ舟中ニアリト」と『九桂草堂随筆《きゆうけいそうどうずいひつ》』に記しているほどだ。

そんな大阪商人の気質は、「金に汚く、意地汚く、ケチ」というふうに受けとられやすいが、それは大きな間違いだ。「お金に細かい」のは事実だが、だからといって守銭奴《しゆせんど》ではない。お金を稼ぎ、貯える苦労を知っているだけに、使うときの価値判断に厳しいというだけだ。「値打ちのないものには、びた一文払わない」という考え方であって、たとえば町を整備するとか、橋を架けるとかいった「人のためになるもの」になら、大金を惜しまない。江戸時代の大阪に二〇〇ほどあった橋の中で、幕府の架けた公儀橋はわずか一二橋。それ以外はすべて町人による町橋《まちばし》で、土佐堀川に架かる淀屋橋は淀屋という豪商が架橋している。

初代歌川広重が描いた1834年頃の堂島米市場の様子（『浪花名所図会　堂じま米あきない』国立国会図書館デジタルコレクション）

しかし明治維新後、新政府によって蔵屋敷は廃止となり、跡地は払い下げられる。蔵屋敷に取って代わったのが、商業、教育、行政の施設だ。

現在、中之島の東端部には赤レンガ建築が目を引く大阪市中央公会堂があり、西へ向かうと大阪府立中之島図書館。隣には一九二一年に堂島から移転した大阪市役所が御堂筋に面し、道路を隔てた向かいには日本銀行大阪支店旧館がある。ほかにも三井住友銀行大阪本社ビルなど、ネオルネサンス様式やバロック様式など、さまざまな意匠を凝らした近代的な建物が並んでいる。また、大阪大学が創設された場所も中之島で、大阪高等裁判所も佐賀藩の蔵屋敷跡に位置する。大阪高裁の前身である大阪上等裁判所は堂島の薩摩藩蔵屋敷跡から一八九〇年に現地へ移されたものだ。

蔵屋敷の広大な跡地は有効利用され、明治以降

1918年竣工の大阪市中央公会堂。北浜の株式仲買人である岩本栄之助の寄付をもとに建設された

の大阪を支えることになった。蔵屋敷が消失しても、今日の大阪を代表するビジネスエリアとして高層ビルが立ち並んでいるように、いまにつながる経済や行政などの礎が堂島・中之島界隈で築かれたのだ。

東洋のマンチェスター

明治政府は各藩の領地と領民を天皇に返上させる版籍奉還（一八六九年）を断行し、続いて廃藩置県（一八七一年）で藩を正式に廃止した。当然、旧藩主は猛反対をしたと思いきや、意外なことに混乱もなく受け入れられる。その理由は、各藩の深刻な財政難だった。

ほとんどの藩は、財政収入の三倍近い借金を背負っていた。明治政府は、この借金を肩代わりすると約束したのだ。旧藩主にすれば渡りに船である。かといって政府も財政に余裕がなかった。そこで実行されたのが、負債の帳消し。つまり「踏み倒し」である。

大名たちに金を貸していたのは大阪の商人たちだ。「大名貸し」と呼ばれる借金は膨大なもので、それが御破算となる。「いくらなんでも、それは堪忍してえな」と国に泣きついてもしかたがない。国にも振る袖がないのだ。これによって、大阪を代表する豪商の一つだった天王寺屋など、家をたたんだ商家も現れる。大阪の経済も混乱をきたし、かつての栄華は過去のものになりつつあった。そんな大阪の状況を救ったのが五代友厚《ごだいともあつ》だ。

大阪証券取引所ビル前に建つ五代友厚像。旧ビルは1935年竣工で、新ビルが建てられた際も外観は保存された

二〇一五年度下半期放送のNHK連続テレビ小説『あさが来た』では、ディーン・フジオカが五代を演じた。すると視聴者、とくに女性の間でディーン人気が高まると、それまで幕末ファン以外には知名度が低かった五代友厚の名も一般的になるという現象も起きている。なお、ヒロインの白岡あさのモデルとなった広岡浅子の姉・春子

（ドラマでは「はつ」）の嫁ぎ先が、前述した天王寺屋である。

旧薩摩藩士だった五代は政府の職務で大阪に関わることになると、大阪株式取引所や大阪商法会議所を設立し、大阪経済の立て直しを図った。さらに第一国立銀行の頭取だった渋沢栄一も一八八二年に大阪紡績会社を創業する。

その後、大阪は日本の紡績業の中枢を担い、紡織産業は全国的にも大きなシェアを占めるようになり、輸出のために港湾も整えられた。その様子を形容したのが「東洋のマンチェスター」である。マンチェスターは産業革命によって飛躍的な発展を遂げた大英帝国（イギリス）の工業都市で、大阪はそれになぞらえられたのだ。

しかし、東洋のマンチェスターと呼ばれたのは百年以上も前の話である。果たして当時の遺構は存在しているのか、と思って文献を調べてみると、大阪市内にけっこう残されていることがわかる。大阪の産業史を語るうえでも確認するべく当地を訪ね歩いた。

まずは大阪紡績会社の跡地とされる大正区の三軒家《さんげんや》。大正区は大阪湾に面し、そのうえ木津川と尻無川に囲まれた島だ。大阪港にも近く、両河川を使えば荷物の運搬も容易だし、工場の稼動に必要な水も得やすい。それが設立場所に選ばれた理由だろう。

三軒家東にある三軒家公園には「近代紡績工業発祥の地」の石碑が建てられている。公園から海方向にはいまも工場が多いものの、公園の周囲はマンションが立ち並ぶ住宅街。もはや工

大阪府西成郡三軒家村（当時）で操業を開始した大阪紡績会社三軒家工場（『日本商工大家集：日露戦争記念』国立国会図書館デジタルコレクション）

1903年に完成した大阪港の築港大桟橋（写真は1925年頃）（『大阪市大観』国立国会図書館デジタルコレクション）

場地帯という印象は受けない。なお、大阪紡績は三重紡績と一九一四年に合併し、設立されたのが現在の東洋紡である。

次に訪ねたのはJR大阪環状線沿いにある天満の赤レンガ建屋だ。最寄りの駅は天満駅。環状線の高架に沿って天満駅から桜ノ宮駅方向に進むと、立派な造りのレンガ建築が見えてくる。

三軒家公園の入り口にある「近代紡績工業発祥の地」の石碑

もともとは天満紡績の工場として一八八六年に建てられたもので、現在は中西金属工業の事務所社屋となっている。三軒家東と同様に周辺は比較的静かな住宅街だが現代風の建物が多く、赤レンガの建屋は、そこだけ時間がとまっているような印象を受ける。

住宅街を離れると、金属加工や鉄工所などの小規模工場が多い。さらに天満駅前は飲み屋街で、近くにはストリップ劇場も営業している繁華街。暮らしと仕事と遊びの場がすぐ近くにある、興味深いエリアである。

最後に紹介するのは、かつて国内最大級といわれたユニチカの前身である大日本紡績の津守

いまも現役で使われている旧天満紡績の赤レンガ館

工場だ。工場の操業は一九〇九年、四〇〇〇人以上が従事し、工場の敷地内には社宅や学校も設けられたという。現在は西成公園と府立西成高校となっていて、工場の面影は完全に失われているものの、通勤路線だった南海汐見《しおみ》橋《ばし》線の津守駅が公園に隣接している。いまは乗降客も少ない閑散とした駅だが、工場が稼動していた頃は、大いににぎわっていたことが想像できる。

　大阪紡績跡地もそうだが、天満紡績跡や津守工場跡に共通しているのは、川が近くに流れているという点だ。天満紡績は大川に近く、津守工場は敷地が木津川に接している。水運の利便さは、製品を大阪港に運ぶのに適している。江戸期に成立した流通都市と同様に、大阪市内を縦横に流れる河川を利用して、急速に工業都市へと変貌していったことがよくわかる。

大阪は紡績を中心としながら造船や金属加工などの重工業も発展していくが、市内は無秩序な工場の乱立で、煙突から吐き出される煤煙《ばいえん》が空を覆うことになった。それによって、水の都ならぬ「煙の都」という、ありがたくない名もつけられた。一九一四年に刊行された『大阪府写真帖』に「大阪市の煙筒と煤煙」と題した写真が掲載されていて、煙突の先からたなびく煙の様子は、火事が起きているのかと見間違うほどだ。モノクロ写真なので空の色は確認できないが青空でないのは確実で、空一面が灰色で覆われている。

この煙の都から逃れるために、大阪の富裕層が移住したのが、神戸から芦屋に至る阪神間だ。交通のアクセスもよく、自然も豊富で風光明媚《めいび》だった阪神間は別荘地としてもてはやされていた。しかし、大気汚染が進むと本宅を構える人が増加。やがて高級住宅街として発展し、「阪神モダニズム」と呼ばれる文化も生まれた。つまり、今日の芦屋や西宮のお屋敷街は、大阪の公害問題の〝お陰〟でできあがったともいえるのだ。

ともあれ、明治初期に商人の没落で疲弊した大阪の経済は、紡績業を契機に工業化で復活した。主要産業ができると、関西のみならず地方から出てきた従業員のための住居が建てられ、労働者のための繁華街や商店街、歓楽街も増える。天満の駅前は、天満紡績を中心とする工場で働く人が憩いの場にした。その活気は大阪中を包み込み、新しい下町が誕生する。

西成区には鶴見橋商店街がある。アーケード商店街としては日本一長いといわれる北区の天《てん》神橋筋《じんばしすじ》商店街に匹敵するほどの規模で、津守工場で働く人が多く利用した。第五章で紹介する大正区の平尾本通商店街（サンクス平尾）も、沖縄から大阪に仕事を求めて移住してきた労働者たちでにぎわったといわれている。とくに若い女性工員は「織姫さん」と呼ばれ、休みの日には洋服や化粧品を求めに外出し、華やいだ雰囲気を醸していたという。

現在に残る大阪の商店街のいくつかは、この時代に多く開かれたのだろう。そして、大阪人特有の大衆的で世話焼きの下町情緒も、地方出身者を分けへだてなく迎え入れたマンチェスター時代に育まれたのだと、個人的には考えている。

†淀川に残された遺構の圧巻

運河が開削され、大阪市内に水路を通したとしても、流れ込む水がなければ話にならない。大和川は江戸時代初期に市外へ付け替えられたので、市内の水源は琵琶湖の水を運ぶ淀川を主軸とするしかなかった。必然的に明治時代以降の工業都市を下支えしたのが淀川の水運だ。

江戸時代の淀川には三十石船《さんじっこくぶね》と呼ばれた和船が往来していたが、明治時代に入ると蒸気機関を備えた外輪船が導入される。古い時代を描いたアメリカ映画に登場する、船体の後方や側面に水車を備えた船舶だ。だが、淀川は平均の水深が約四〇センチと浅く、外輪式蒸気船の航行

黒煙が噴き上がる大正初期の大阪市内の様子（『大阪府写真帖』国立国会図書館デジタルコレクション）

には一五〇センチ程度が必要だった。そこで実行されたのが「粗朶沈床《そだちんしょう》」という工法だった。

粗朶沈床工法とは、木の枝や下草を長方形に編んだ粗朶を川底に何重にも積み重ね、その上に岩を置いて水の流れを真ん中に集める水制を築く工法のこと。これによって河川中央の流れが速くなり、土砂がたまりにくくなって水深を保つことが可能となった。さらに、水制に囲まれたところに土砂がたまり、木や草が茂ったことでできあがったのを「ワンド」という。いまも淀川には四五ものワンドが残されているが、とくに保全状況のいいのが旭区の淀川河畔にある「城北《しろきた》ワンド」だ。

わたしは大阪南部の出身なので、この原稿を書くまで淀川にはあまり縁がなかった。ワンドというものが存在するというのは知ってはいたが、この目で見たことはなかったため、城北ワンドを見学するために旭区生江《いくえ》にある城北公園に向かった。

現在、淀川に大きな船は通らないのでワンドは必要ない。保全がなされているとはいえ、必要最小限の規模でしかないだろう。そんなふうに思っていたが、目の前の淀川の川べりに青々と広がる広大なワンドに目を奪われてしまった。公園から対岸の東淀川区を結ぶ菅原《すがはら》城北大橋から見渡すと、まさに絶景の一言だった。

こんな場所があるとは、長く大阪に住んでいるがまったく知らなかった。未見の府民はもとより、大阪観光で来られた方も一見の価値ありなので、ぜひとも訪ねてほしいスポットである。

明治時代に入って淀川の舟運を担った蒸気船の絵はがき（『大阪・東京名所絵葉書』大阪市立図書館デジタルアーカイブ）

菅原城北大橋の上から東側を見渡した城北ワンド

なお、菅原城北大橋は二つのタワーから多くのケーブルを伸ばし、橋げたを支える斜張橋という構造になっている。これによって橋柱が少なくて済み、ワンドの環境を守る配慮がなされているそうだ。大阪の近代化遺産を残すために市も粋《いき》なことをするものである。

†「大大阪時代」の幕が上がる

京阪電車もしくは地下鉄の北浜駅を降りて地上に出る。北側の土佐堀川に架かっているのが難波《なにわ》橋だ。高欄には向かって右に吽形《うんぎょう》、左に阿形《あぎょう》のライオン像があるため「ライオン橋」とも呼ばれている。そこから中之島をながめると、大阪市中央公会堂をはじめとするモダン建築が並んでいることは先に記した。

大阪には大正時代から昭和初期に建てられた近代建築が多い。それだけの財力が当時の大阪に備わっていたからだ。全国屈指の工業都市となった大阪が、「大大阪」と呼ばれた時代の産物である。

五代友厚や渋沢栄一らの尽力によって経済的窮地を脱した大阪は、二次にわたる市域拡張で面積も人口も増える。さらに拍車をかけたのが一九二三年九月一日に起きた関東大震災である。多くの人が地方へと避難したため、大阪の人口も爆発的に増加し、東京市（現・東京都二三区）を上回る二二〇〇万人超えとなり、世界第六位の大都市となった。

上空から捉えた昭和初期の中之島。写真右上の塔屋を持つ建物が大阪市庁舎（『大阪行幸記念空中写真帖』大阪市立図書館デジタルアーカイブ）

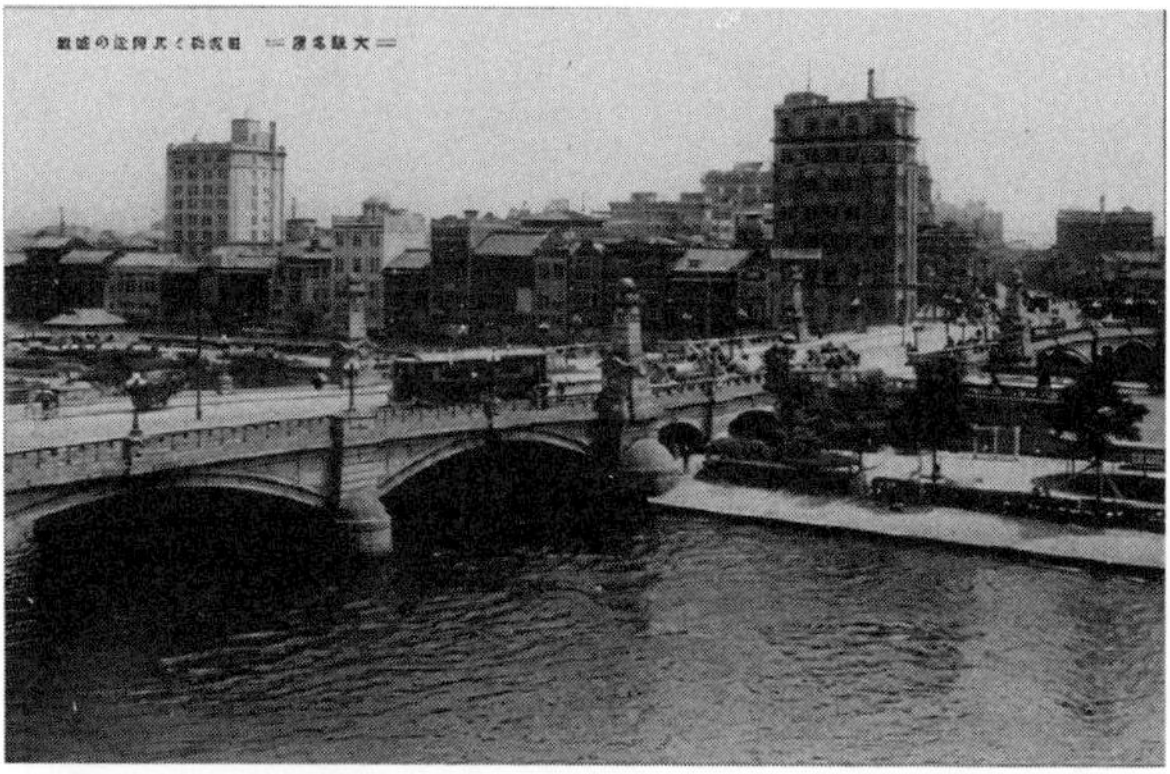

1933年頃の難波橋周辺を写した絵はがき。現在の橋は1915年に堺筋に架橋された（『大大阪名所絵葉書』大阪市立図書館デジタルアーカイブ）

ちなみに、大阪ではおでんのことを「関東煮（かんとだき）」と呼ぶが、これは大阪に移住してきた関東の人が広めたから、もしくは震災の炊き出しに行った大阪人が関東の味を持ち帰ったから、などの説がある。

不穏当な表現だが、関東大震災の影響もあって大阪は未曾有《みぞう》の発展を遂げた。お金に余裕のできた財界人は、贅《ぜい》を尽くしたモダンなビルを建てる。集中しているのが船場と北浜である。

ここからは、活況を呈した大大阪時代の面影をいまに伝える建築を紹介しよう。

北浜駅の近く、土佐堀通に面しているのが一九一二年に建てられた北浜レトロビルヂングだ。絵本に出てくるようなかわいい外観が特徴で、現在は紅茶専門店として利用されている。

堺筋と土佐堀通の南東角にあるのが大阪証券取引所ビル（旧・大阪株式取引所）。堺筋を南に下りて、道路に面しているのが一九二二年竣工の新井ビル（旧・報徳銀行大阪支店）で、古代のヨーロッパ建築をほうふつとさせる、重厚な造形が目を引く。

モダン建築ではないが、新井ビルから南に向かって歩くと、道修町《どしょうまち》交差点の近くに少彦名《すくなひこな》神社がある。主祭神の少彦名命《すくなひこなのみこと》は薬や医療などの神様とされ、毎年一一月には「神農祭」という祭礼が行われる。

道修町は薬の町でもある。江戸時代には幕府公認の「薬種中買仲間《やくしゅなかがいなかま》」が結成され、さらに日本中の薬を検査する和薬種改会所が設けられる。全国の薬はいったん道修町に集められて、検

北浜から見る大正・昭和初期の堺筋の絵はがき。中央奥の建物が三越百貨店（『大阪・東京名所絵葉書』大阪市立図書館デジタルアーカイブ）

査に合格したものだけが流通していった。そんな歴史を持つためか、道修町には製薬や薬品会社の本社が多い。ざっと挙げると武田薬品工業、塩野義製薬、小林製薬、田辺三菱製薬などなど。日本の製薬産業の発展は、江戸時代も現在も、大阪抜きには考えられないのだ。

近代建築ツアーに戻ると、堺筋に戻ってさらに少し北へ進み、少彦名神社の裏手で隣り合っているのが、甲子園球場から枝分けされたというツタが絡まる姿が印象的な青山ビル（一九二一年竣工）と、ホテルとして一九二三年に建てられたシックなたたずまいの伏見ビル（旧・澤野ビルヂング）。南方向に歩いて淡路町通を西に曲がるとタイル張りの船場ビルディング（一九二五年竣工）がある。船場ビルディングから三《さん》休橋《きゅうばし》筋を南に向かうと、一九三一年に建てら

実業家の野田源次郎の個人宅として設計された青山ビル。現在も竣工当時のステンドグラスが残っている

日本綿業倶楽部の施設として建設された綿業会館

れたルネッサンス様式の玄関ホールが美しい綿業会館に到着だ。

これらのほかにも、ビル屋上の時計塔がシンボルの生駒ビルヂング（一九三〇年竣工）や一九一二年に建てられた赤レンガの外壁に白い御影石のボーダーラインが印象的な高麗橋ビルディング（旧・大阪教育生命保険ビル）など、北浜界隈だけでも日本の近代建築の見本市のようである。

加えてこれらの建築物が貴重なのは、往時の姿をほとんどそのまま残しているところにもある。北浜や船場も太平洋戦争の空襲で被害を受け、多くの建物は焼失してしまった。それでも近代建築は生き残った。たとえば、綿業会館は各部屋の窓にワイヤー入り耐火ガラスを使用していたため、被害は窓ガラスとカーテンそれぞれ一枚だけだったという。建物の施主は見た目に加え、強靭であることにも資金をつぎ込んだのだ。

空襲にも耐えられるほどのビルが林立していた大大阪時代。第二章で述べたように、大阪・東京間は、現在のわれわれが感じている以上に距離があった。そのため、「大阪のことは大阪でやる」「東京は口出しをするな」という気概が、企業家の心に満ちあふれていたことは容易に想像できる。また、東京が震災から復興しても、関西一円もしくは西日本の中心都市であり続けることを目指したはずだ。

大阪市は二〇一一年一一月一日に「大阪市中小企業振興基本条例」を施行したが、その前文

生駒時計店（旧・生駒商店）の本店として建設された生駒ビルヂング

日本近代建築の泰斗、辰野金吾と片岡安（やすし）が設計を手掛けた高麗橋ビルディング

は次のようにはじめられている。

自由闊達で進取の気風に富む大阪が育んだ商人や企業家は、世界に先駆けて先物取引を開始し、斬新なアイデアで新たな商品を創出するなど、その創造性により社会に変革を生み、日本経済の発展に貢献するとともに、人々の生活に豊かさや潤いをもたらしてきた。また、大阪で花開いた多彩な芸術文化、川を生かしたまちづくりなども、商人や企業家の高い志に支えられてきたものである。

大阪が大阪であり続けるためには、培われた経済力を伸ばし続ける必要がある。大阪は経済都市として東京に差をつける。そんな「自由闊達で進取の気風に富む大阪」の気概といったものを近代建築からも感じ取ることができるのだ。

では、再び大阪に「大大阪」と呼べる時代はくるのか。大阪が東京をしのぐ都市になるというのであれば、わたしは「ない」と断言する。それこそ、震災で東京が壊滅する以外にありえない。わたしの属する出版関連の業界は、九割以上が東京に本社を構えている。メディアも東京が中心だし、金融もメガバンクの本社はすべて東京。大手企業の本社は東京がほとんどだ。それらが大阪に引っ越してくることは、まずありえない。

ただ、双璧となる可能性がないわけではない。いまの日本は新しい産業が育ちにくく、支援体制もあまり確立されていない。うかうかしている間に、中国や韓国、インドなどに追い抜かれているのが現状だ。となれば、新しいものを生み出すベンチャー企業を支援すれば、まだ大阪が盛り上がる可能性はないわけではない。このことについては、第六章で詳述したい。

†大阪の大動脈の完成

御堂筋の道幅は四三・六メートルの全六車線。大阪市内中心部の梅田から道頓堀川を越えて難波まで、南北に貫くメインストリートだ。しかし、いまでこそ「大阪の大動脈」と呼ばれるほどの存在感を誇っているが、かつては狭隘《きょうあい》な一般道でしかなかった。

大大阪時代の一大事業となった御堂筋の拡張と延伸工事が行われたのは、昭和に入ってからだ。それまでは全長約一・三キロ、道幅も約六メートルしかなく、しかも船場の淡路町から長堀川（現・長堀通）までしか通じていなかった。大阪の目抜き通りといえば、堺筋と商店街としてにぎわっていた心斎橋筋で、御堂筋は人通りも少なくて閑散としていたという。

しかし明治時代中頃、東海道本線が東京から神戸まで結ばれると状況が変わる。大阪駅から市内を南北に縦断する道路の必要性が生じ、一九一九年に第六代大阪市長の池上四郎が御堂筋を長さ四キロ、幅四四メートルへ延長拡幅する計画を発表する。一九二六年、第七代市長の関《せき》

拡張工事中の御堂筋（1928年頃）。予算の大半が沿道住民の立ち退き料に支払われた（国土地理院空中写真をもとに作成）

一《はじめ》によって拡幅工事が実行され、着工より一一年の歳月をかけて一九三七年に完成する。現在の南向き一方通行になったのは一九七〇年のこと。モータリゼーションの進展と日本万国博覧会（大阪万博）の開催を考慮してのことだ。

なお、大阪では北方向へ行くことを「あがる」もしくは「のぼる」、南へは「くだる」「さがる」ともいう。京都でも北へは「あがる」、南へは「さがる」だが、これは京都御所への方向を示してのこと。大阪に御所はないので、京都とは異なる。

大阪市内の「あがる」「さがる」は地下鉄の影響が大きいとの説がある。というのも、大阪初の地下鉄は梅田―心斎橋間で運行が開始され、梅田駅方面が上りだった。つまり、心斎橋駅よりも北側にある梅田駅へ行くのが「のぼり」、そこから北へ「あがる」というようになったという。また、市電の時代から北側への停留所方向が上りだったからとする説もある。御堂筋と四つ橋筋、堺筋が一方通行になったときには、「御堂筋は下り一方通行で、堺筋と四つ橋筋は上り一方通行」という表現も定着したのである。

現在の地下鉄御堂筋線が開業したのは一九三三年、拡幅工事の完成より四年早い。そもそも地下鉄と道路の工事は同時に行われ、地下鉄の方が先に完成したことになる。御堂筋沿いに大阪市役所の庁舎が完成したのが一九二一年。地下鉄開通の年に竣工したのが、大阪ガスの本社である大阪瓦斯ビルヂング（通称「ガスビル」）で、その五年後には日本生命の本店本館（第一

完成後の御堂筋を写した絵はがき（『大阪・東京名所絵葉書』大阪市立図書館デジタルアーカイブ）

御堂筋平野町交差点の角に位置する大阪瓦斯ビルヂング

期）が建てられている。ちなみに、ガスビルの完成当時に作成された絵はがきの一枚に、「産業日本の心臓たる大大阪を象徴する御堂筋大街路の一角、巍然《ぎぜん》として聳《そび》え立つ白亜の一大高廈《いちだいこうか》」というタイトルがつけられているものがあった。

この御堂筋の拡張と地下鉄の開通は、呉服店と呼ばれていた業態が「百貨店」として生まれ変わる契機にもなった。

一八七七年に心斎橋筋に移転した十合《そごう》呉服店（移転の際に大和屋から改称）は、地下鉄開業に先駆けて一九一九年に百貨店事業を本格的に開始する。これがのちの「そごう」であるが、心斎橋本店は二〇〇九年に閉店している。そごうの南隣が大丸心斎橋店で、もともとは京都の呉服店だった。一九一二年に京都店からデパート形式でスタートさせ、御堂筋線の開業と同時期に心斎橋店が本店となった。

京都の古着・木綿商だった髙島屋が、心斎橋筋で開業したのは一八九八年。一九二二年、堺筋に長堀店を新装開店した際に本格的な百貨店へと転換した。南海電鉄が御堂筋の拡張に合わせて一九三二年に駅ビル（南海ビルディング）を建設した際に、南海髙島屋（現・髙島屋大阪店）を開業させている。時代は前後するが、梅田で創業した阪急百貨店（現・阪急百貨店うめだ本店）は、一九二九年に梅田駅（現・大阪梅田駅）と直結させた世界初のターミナルデパートとして知られている。

南海鉄道（現・南海電気鉄道）刊行の『開通五十年』（1936 年）に掲載された南海ビルディングと難波駅のホーム（『開通五十年』国立国会図書館デジタルコレクション）

1929 年当時の阪急百貨店を写した絵はがき（『葉書帖』大阪市立図書館デジタルアーカイブ）

ところで、大阪では本店を除き、「店」を「てん」とは呼ばない傾向にある。大丸心斎橋店は「しんさいばしみせ」、高島屋大阪店も「おおさかみせ」と呼び、阪急や阪神も本店ではなく「うめだみせ」と呼ぶ人がいる。「店」を「てん」と呼ぶようになったのは明治時代中頃、東京・上野の松坂屋が店名を「松坂屋いとう呉服店《てん》」と名づけたのがはじまりとされ、「てん」は斬新で近代的な発音だと話題になる。これが全国に普及していったが、京都や大阪、神戸では歴史や伝統を重んじて「みせ」の読み方が残されたといわれている。また、大阪では「デパート」ではなく、「百貨店」と呼ぶのが一般的だ。

御堂筋の景観といえば、大阪の〝こだわり〟を物語るのがイチョウ並木である。

大阪市では拡張された御堂筋に四列の街路樹を植えることを決定するが、何を植栽するかで議論が紛糾。大阪市のホームページによると、プラタナス案が主流を占めるも、「姿に風格があり、夏の木陰、秋の落葉など季節感の乏しい都会にはこんな季節感がある樹木が必要だ。イチョウは東洋の特産だから、外国人に珍しがられ、国際都市大阪をめざす大阪にふさわしい」との力説があった。そこで大阪駅前から堂島川に架かる大江橋まではプラタナス、そこから南はイチョウという折衷案に落ち着いたとする。イチョウは一九三三年に植えはじめられ、拡張工事の完了までに九二八本が植えられた。

このような経緯を経てきた御堂筋だが、現在は阪神うめだ本店と阪急うめだ本店が面した阪神前交差点を起点にし、堂島川から中之島、土佐堀川から淀屋橋を渡ると、いまは本町《ほんまち》と呼ばれることの方が多い船場のビジネス街に至る。南に向かって歩いて行くと、御堂筋の名称の由来となった本願寺津村別院（北御堂《きたみどう》）に到着する。

御堂筋と交差する本町通を越えると中央大通が東西に走る。中央大通の真上は阪神高速13号東大阪線の高架道路。地下には地下鉄中央線が通じている。その間に建つのが船場センタービルだ。東横堀川から御堂筋辺りまで、1号館から10号館があり、オフィスや店舗、地下には飲食店街を備えた商業ビルである。

北浜3交差点から南側を見た御堂筋のイチョウ並木。左は日本生命保険相互会社の本店本館ビル

このビルを東から西まで歩くと、面白いことがわかる。1号館から2号館、2号館から3号館へ地上から移ろうとすると、道路を渡らなければならない。すると、低い階段を下りて道路を越え、階段のない次の館に入るところがある。地下階であれば、館と館のつなぎ目がゆるい傾斜になっている。つまり、もっとも東の1号館から西の10号館にかけて、地面

船場センタービルの8号館から9号館に至る地下1階の様子。勾配があって地下でも東西の高低差を知ることができる

が低くなっているのだ。こんなところでも、大阪平野の高低差を知ることができるのである。

中央大通から南へ進めば、こちらも御堂筋の名前の由来の寺院である真宗大谷派難波別院（南御堂）。そして大丸をはじめとする高級ブランド店が並ぶショッピング街となり、道頓堀川を越えて髙島屋で終点となる。

大阪のど真ん中をつらぬく御堂筋は、梅田の繁華街から本町（船場）のビジネス街になり、再び難波の繁華街になるという、大阪の二つの顔を如実に見せてくれる。まさに大阪の大動脈である。御堂筋の拡張と地下鉄御堂筋線のおかげで南北の往来が便利になり、大都市・大阪が一つにまとまったのである。

†大阪万博と経済的衰退

「もはや戦後ではない」と政府が経済白書で宣言したのは、一九五六年のこと。そして、一九六四年に開かれた東京オリンピックと並び、終戦二十五周年記念として開かれることになったのが、日本万国博覧会（大阪万博）だ。テーマは「人類の進歩と調和」だったが、戦後復興を成し遂げた日本の姿を国内外にアピールすることも目的だったという。

大阪万博が開催された一九七〇年、わたしは小学校二年生だった。家族で初めて訪れたとき、太陽の塔の内部をめぐり、アメリカ館では二時間以上並んで月面着陸船と月の石を見た。太陽の塔内の「生命の樹」は見ごたえがあり、着陸船も「これが月に行ったんやぁ」と思うと感慨を覚えた。しかし月の石の見た目は、まるでセメントのかたまり。しかも小さい。二時間並んで見る価値があるとは思えなかった。このほかにも、迷子になったりスタンプ帳を失ったり、わたしにとって大阪万博にはあまりいい思い出はない。

さらに高度経済成長期の終盤に当たるこの時期、大阪の経済は万博を境に斜陽に向かいつつあったとする識者の意見がある。要因の一つが、一九六四年の東海道新幹線開通だ。これにより、東京の一極集中が加速したのだという。ただ、六〇年以上も大阪に住んでいる人間としては、「万博から？」という疑問を抱いてしまう。

経済指標からみると、大阪経済は七〇年代から下り坂に向かっていたのかもしれない。だからといって、その実感はない。オイルショックなどの経済事情もあるのだろうが、それは大阪に限ったことではない。第五章で詳述するが、確かに開発の進んだ大阪北部に対し、にぎわい

大阪万博のパビリオンの中で連日長蛇の列をつくったアメリカ館（『日本万国博覧会 公式記録 第1巻』大阪府公文書館所蔵）

の損なわれた大阪南部は取り残された感は否めない。だからといって、大阪全体が落ち込んでしまったという印象はない。その後も新しい町や文化が生まれて活況を呈している。心斎橋の倉庫街だったところに若者たちが古着屋などを開いたアメリカ村も、はじまりは万博前後だ。

実感がないのは、わたしがまだ幼かったということもあるのだろう。では、当時を知る人の意見はどうなのか。神戸国際大学経済学部の中村智彦教授が「YAHOO！ニュース」に寄稿した『大阪万国博覧会は、なぜ成功したのか～予算と工期がきっちり』（二〇二三年七月三一日配信）を引用しながら考えてみたい。

記事の中で「万博は成功だった」とするの

が、当時、通商産業省側のトップだった堺屋太一氏だ。一九七九年に出版された『私の関西経済論』（関西経済センター編　日刊経済新聞社）から中村教授は堺屋氏がいう成功の要因として、「厳格な『予算管理』、正確な『工程管理』、『安全管理』そして、『収益性の確保』にあった」とまとめている。ただ、同じ書の中で堺屋氏は、「いわゆる文化とか産業とかいわれるものはあまり残りませんでした。少なくとも開催地に強烈に残ったという印象はありません。これは諸外国の開催した万国博覧会に比べても、大変な違いです」と述べているとあり、つまり万博自体は成功だが、大阪には何も残さなかった、ということにほかならない。

とはいえ、大阪の経済的な衰退は、やはりバブル景気以降だと思う。加えて、バブルを見越しての公共投資の失敗が大きいだろう。大阪府や大阪市は、商売人の町であるにもかかわらず、やりくりが下手だったのだ。では、大阪万博が大阪経済の起爆剤になったのかといえば、それはまた別の話だ。

大阪万博による経済波及効果は約五兆円だという。莫大な額だ。しかし、その効果によって大阪が大きく潤ったとはいえない。いつの間にか五兆円は、どこかに消えた。どこへ行ってしまったんだろう。不思議だ。

もっとも、イベントが経済の活性化に役立たないのは自明の理だ。わたしの住んでいる岸和田市には、二日間で約五〇万人を集める祭りが九月に開かれるけれど、それで岸和田市が活性

大阪モノレールの万博記念公園駅から見た太陽の塔

した、潤ったという話は聞いたことがない。一時《いっとき》に集中的に人が集まり、お金を落としたとしても、持続的な成長には至らないのだ。

だから、大阪の景気と万博とになんらかの関係があったとは考えない。功罪でいえば、功もないし罪もない。本当に一時だけのお祭り騒ぎでしかなかった。効果があったとすれば、タクシードライバーの対応がよくなったことくらいか。

それまでの大阪のタクシーは、近距離の乗車拒否は当たり前。無謀な運転を繰り返す「神風タクシー」も多く、しかも道路の渋滞も頻繁《ひんぱん》だった。それが万博開催となると海外からの観光客を乗せる機会が増えたこともあり、各タクシー会社は規律を正す。また、関西の暗黙のルールである「エスカレーターの右立ち」も、万博の際に「お急ぎの方のために左側を空けてください」とアナウンスしたことがはじまりだとか。「エスカレーターは二列で立ち止まって」が当たり前になった昨今は、無意味になりつつあるが。

祭りのあとには必ず寂しさがつきまとう。いま万博記念公園に建つ野ざらし状態の太陽の塔を見ると、あのバカ騒ぎを知っているだけに、どことなく寂しそうではある。

第四章　私鉄の王国

†大阪の鉄道ことはじめ

二〇二三年三月、ＪＲ大阪駅に「うめきた新駅」と呼ばれる地下エリアが誕生している。正しくは〝新駅〟ではなく大阪駅の地下ホームなのだが、これまで停車しなかった京都と関西国際空港とを結ぶ特急「はるか」や南紀へ向かう特急「くろしお」が発着するようになった。将来的には大阪市を南北に走る新路線「なにわ筋線」の起点になる予定で、大阪駅の北側に広がる「うめきたエリア」では、再開発が急ピッチで行われている。

このように新たな鉄道路線の計画が進められている大阪だが、鉄道網に関しては私鉄が〝幅を利かせている〟ことから、大阪は「私鉄王国」だといわれている。

現在、大阪府下を走る私鉄は近畿日本鉄道、阪急電鉄、阪神電気鉄道、京阪電気鉄道、南海

電気鉄道の大手五社と貝塚市内を縦断する水間《みずま》鉄道がある。大阪の四三市町村で、私鉄の通じていないところは四條畷市、大東市、能勢町、熊取町、太子町、河南町、千早赤阪《ちはやあかさか》村だけだ。

このうち、能勢町、太子町、河南町、千早赤阪村はJRも通っていない。逆に私鉄があってJR路線がないのは一五市町に上る。つまり、私鉄だけで大阪府域のほとんどをカバーしているのだ。

大阪が私鉄王国になったのには歴史的な理由がある。よくいわれるのが、「大阪の財界人が官に対抗して民間の鉄道を走らせた」というものだが、わたしの意見としては「そんな単純なもんとちゃう」としたい。大阪の私鉄には、時の明治政府の思惑が深くかかわっているからだ。

日本で初めて新橋―横浜間を結ぶ鉄道が開業したのは、一八七二年のこと。その二年後には、関西でも大阪―神戸間が開通している。ただ、近代化を推し進めるために、鉄道網を広げる政府の方針に反対の声がなかったわけではない。声高に訴えた一人が西郷隆盛だ。西郷は鉄道に国家予算を投じるよりも、軍事資金を貯えるべきだと主張。その西郷が担ぎ上げられて勃発したのが、一八七七年の西南戦争だった。

この内戦で、政府は莫大な戦費をつぎ込んでしまう。当然、国家財政は火の車。鉄道の敷設どころの話ではなくなる。しかし、近代国家を目指すうえで殖産興業を進めるためには、鉄道は欠かせない。そこで政府は「国が保有・運営する鉄道」という方針から、「国が監視して民

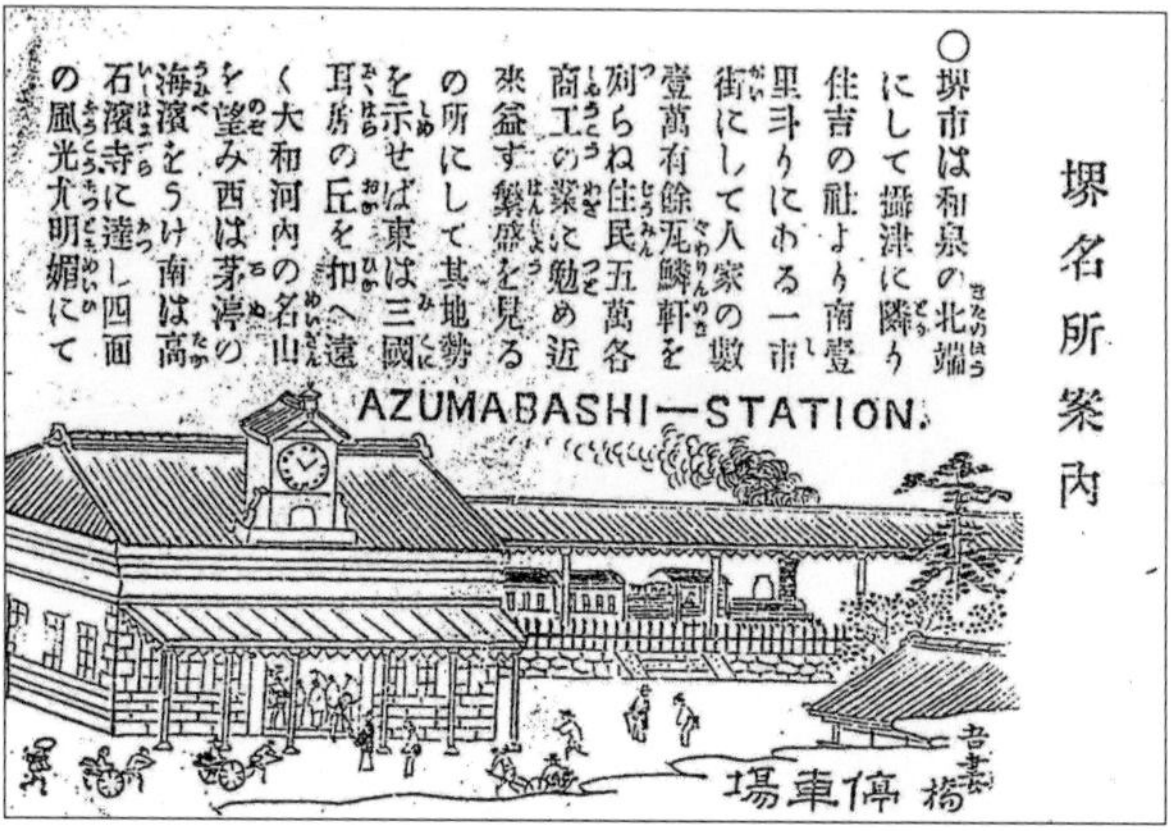

吾妻橋停車場（現・南海本線堺駅）の駅舎。1888年5月、阪堺鉄道の開業で堺市に初めて鉄道が通じた（『堺名所案内』国立国会図書館デジタルコレクション）

間が建設と運営をする鉄道」にシフトチェンジ。すなわち、「国有国営」から「国監民営」に移行したのだ。

「現役最古の私鉄」といわれているのが、南海電鉄の前身である阪堺《はんかい》鉄道。設立されたのは一八八四年（翌八五年開業）で、第三章で紹介した大阪の近代化の先駆けとなる大阪紡績会社が一八八二年の設立だから、その二年後のことだった。関西の財界人は、大阪経済の発展のためにも鉄道は不可欠だと考えたのだろう。

その後、次々と鉄道会社が産声を上げるなかで、一八八八年に誕生したのが関西鉄道である。

三重県で設立された関西鉄道は、一八九五年に名古屋と滋賀県の草津を結ぶ路線を完成

大阪環状線桜ノ宮駅と京橋駅の途中に残る関西鉄道桜ノ宮線の橋台跡

させる。その後、大阪進出を図り、既存の鉄道会社を合併しながら鉄道網を拡大していく。一八九八年には、現在の都島区東野田町にあった網島《あみじま》駅（廃駅）から名古屋駅まで172・2キロメートルに及ぶ直通路線が開通。最盛期には愛知県、大阪府、京都府、三重県、奈良県、滋賀県、和歌山県と、関西圏の大半と東海の一部を営業圏内に納める巨大鉄道会社となった。

だが、一九〇六年に公布された「鉄道国有法」により、翌年にかけて全国の主だった私鉄の一七路線が国有化されることとなり、関西鉄道はその中に選ばれてしまう。

関西鉄道は、鉄道国有法の第一条にある、「一般運送ノ用ニ供スル鉄道ハ総《すべ》テ国ノ所有トス但《ただ》シ一地方ノ交通ヲ目的トスル鉄道ハ此ノ限ニ在ラス」を理由に、「弊社は一地方の路線なので除外して欲しい」との請願書を出したという。経営者はかなり悔しい思いをしたのだと推察される。逆に国の方は苦労もなく路線や列車が手に入ったのだから、まさに「濡れ手で粟」である。

この関西鉄道の現存路線が、関西本線、草津線、片町線、紀勢本線、桜井線、和歌山線、奈良線と大阪環状線の一部。環状線も最初は私鉄路線だったのである。ここに後述する阪和電気鉄道が運営していた阪和線を加えれば、東海道本線を除く大阪のJR路線のほとんどが元私鉄といっても過言ではない。

大阪の鉄道は国ではなく財界人の尽力によって広がった。関西鉄道と西成鉄道を除き、そのほかの私鉄は〝一地方の路線〟として扱われ、国有化から除外されている。西成鉄道はわずか七・四キロの小規模鉄道だったが、もともと官営で建設する構想があり、また財政の悪化もあって国有化に応じ、環状線の一部となった。

南海vs.阪和の海水浴客獲得バトル

官営の鉄道を押しのけて張りめぐらされた私鉄だが、「仲良しこよし」だったわけではない。競合する路線においては運賃の引き下げやスピードアップなど、あの手この手で集客を図ろうとした。なかには堺市の浜寺公園をめぐり、会社同士で激しい争いを繰り広げたところもある。それが南海電鉄（当時の名称は南海鉄道）と阪和電鉄だ。

浜寺公園は日本初の公営公園であり、白砂青松《はくしゃせいしょう》の名勝地として知られていた。南海電鉄は公園の最寄り駅として、一八九七年に浜寺駅（現・浜寺公園駅）を開業する。次いで一九一二年に新設されたのが、羽衣駅《はごろも》である。南海電鉄の開通後、浜寺は海辺のリゾート地として観光客が訪れるようになり、南北に長い浜寺公園に対応するためには、駅が一つでは足りないと考えたのかもしれない。

大正時代から昭和初期にかけて、浜寺公園には数多くの料亭旅館が開業し、料亭街としてもにぎわった。公園周辺は別荘地としてももてはやされ、羽衣駅界隈にも料亭が立ち並んだ。海水浴場も開かれ、大阪のみならず関西一円から海水浴客が訪れるほどの人気となる。

この浜寺公園までの輸送は南海電鉄の寡占状態だったが、後追いで目をつけたのが阪和電鉄である。阪和電鉄は、南海電鉄が独占していた大阪―和歌山間に切り込むため、京阪電気鉄道や大阪商船などが出資して一九二六年に設立された鉄道会社だった。

一九二九年に阪和天王寺駅（現・天王寺駅）から和泉府中駅まで部分開業した阪和電鉄は、翌年に阪和東和歌山駅（現・和歌山駅）までの全線開業を果たし、大阪―和歌山間を最速四五分で電車を走らせた。海岸側を通る南海本線に対し、阪和は山側のルートを開拓、さらに阪和電鉄は、鳳《おおとり》駅から分岐させて阪和浜寺駅（現・東羽衣駅）間を結ぶという、わずか一・七キロメートルの支線を設けている（現・JR羽衣線）。目的は浜寺公園を訪れる観光客や夏の海水浴客の獲得だった。いまでこそJR羽衣線はワンマン運転のピストン輸送だが、開通当時は天王寺駅からの直通列車も走らせていたという。

黙っていないのが、南海電鉄だ。「なに勝手なことしてくれてんねん！」ということで両社は対立。乗客の奪い合いをめぐってバトルが勃発する。近接している羽衣駅と阪和浜寺駅では

1873年に開設された浜寺公園の絵はがき（『浜寺名勝絵はがき』堺市立中央図書館所蔵）

大和川鉄橋を渡る南海鉄道の電車を撮影した戦前の絵はがき（『堺名所絵葉書』堺市立中央図書館所蔵）

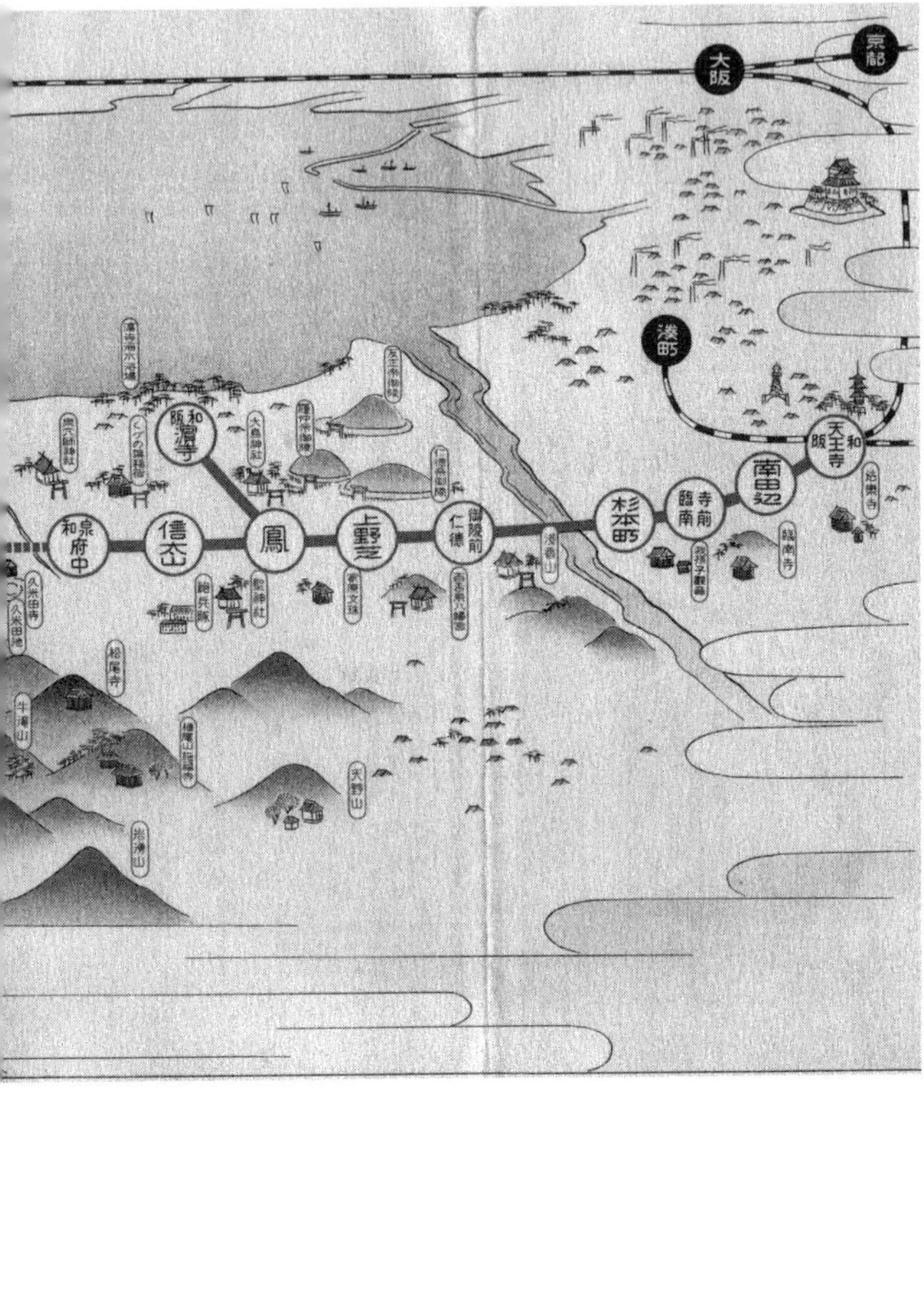

大阪
京都
湊町
阪和天王寺
南田辺
臨南寺前
杉本町
浅香山
臨南寺
仁徳御陵前
上野芝
鳳
信太山
和泉府中
阪和濱寺
大鳥神社
久米田寺
久米田池
松尾寺
牛滝山
大野山

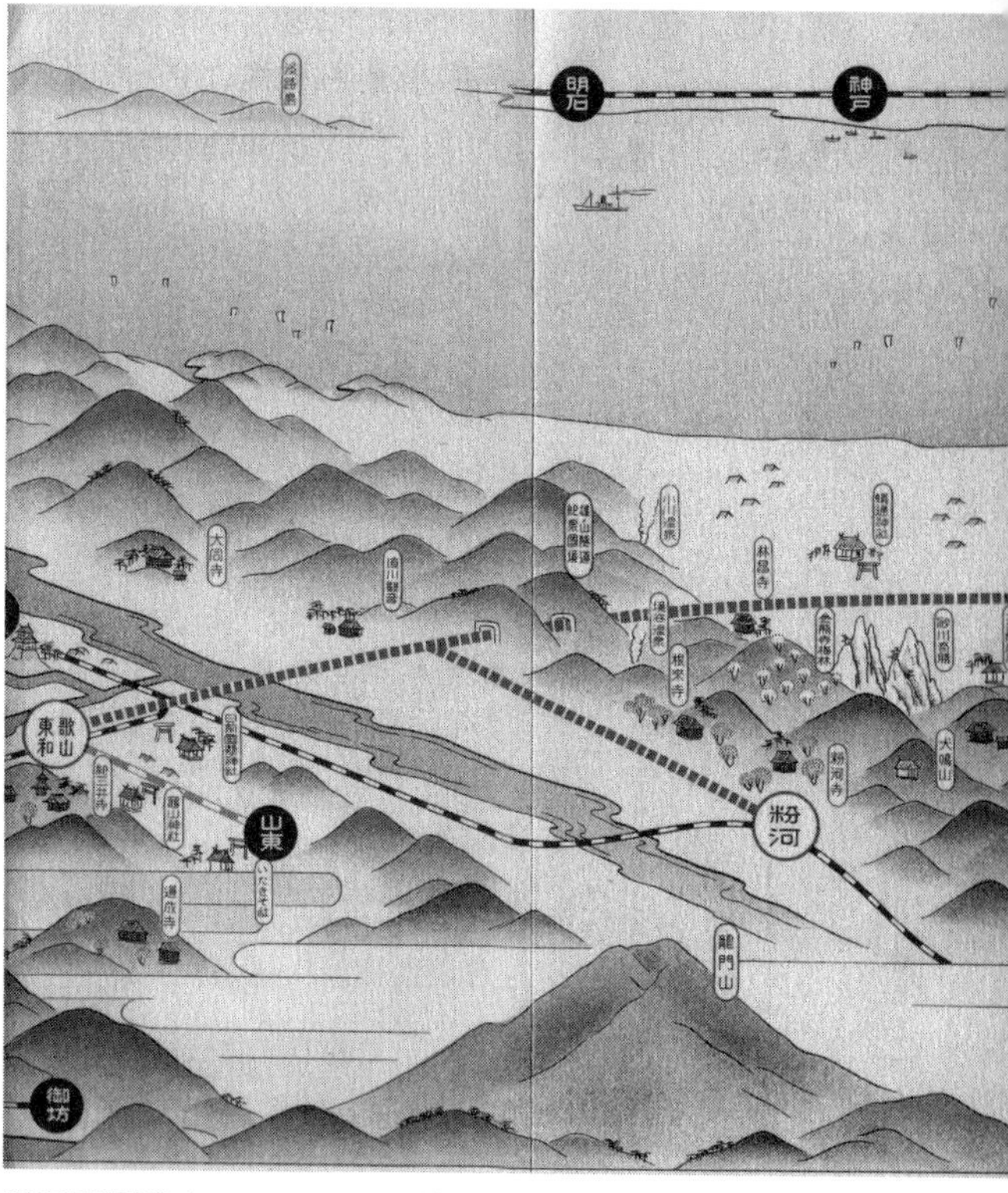

阪和電鉄開業時のパンフレット（部分）（堺市立中央図書館所蔵）

1922 年当時の浜寺海水浴場の絵はがき。1906 年に南海鉄道と大阪毎日新聞社よって開設され、最盛期には 1 日で 1 万人以上の海水浴客を集めた（岸和田市立図書館所蔵）

乗降客の呼び込み合戦で社員同士による取っ組み合いの暴力事件が起き、南海電鉄がわざと羽衣駅を通過する電車をノロノロ運転させる「開かずの踏切作戦」も取られたという。阪和浜寺駅から浜寺公園に行くには羽衣駅の踏切を渡る必要があったため、客の動線を遮断したのだ。

このトラブルの背景には、阪和電鉄とともに海水浴場を開いた大阪朝日新聞社と、南海電鉄と共同で独自の海水浴場をつくった大阪毎日新聞社との確執が大きかったともいわれている。〝浜寺海水浴場の乱〟は両新聞社の代理戦争でもあったのだ。

その後も、岸和田市にある春木競馬場（現・岸和田市中央公園）の最寄り駅が南海本線の春木駅だったところを、阪和電鉄は春木駅に近い久米田駅まで運賃を二割引きにした臨時列車を走らせた。一方の南海電鉄も阪和電鉄に先んじて日本初の冷房列車を導入するなど、両社の集客合戦は続いた。

しかし一九四〇年、阪和電鉄は南海電鉄に吸収合併されて南海山手線に改称となり、バトルは終結する。この合併は阪和電鉄の業績不振によるものだった。江戸時代から栄え、明治時代になって紡績や海運で繁栄していた南海本線沿いの地域に対し、阪和線沿いは農村地帯。電車を利用する人の数が格段に少なかったためだ。だが、南海山手線も一九四四年、「改正陸運統制令」によって国有化（戦時買収）され、国鉄阪和線（現・JR阪和線）となった。

このような熾烈《しれつ》な争いまで起きた羽衣駅界隈は、戦後になってもホテルや旅館が軒を連ねる歓楽街であり、観光地だった。わたしは小学生のとき、羽衣にあったホテル「新東洋」のプールに連れて行ってもらったことがある。

海水浴場は、一九五七年より開始された堺泉北臨海工業地帯の埋め立て造成工事にともない閉鎖されたが、それでも浜寺公園内にはプールが設けられ、こども汽車が走り、一九六五年に開設された交通遊園ではゴーカート場が登場する。ちなみにこれらの施設はいまも現役で運営されている。わたしが二十代のときには、高校の同級生が羽衣駅近くの大旅館で結婚式を挙げている。多少は寂れつつあったが、まだまだ元気は残っていた。

現在、羽衣駅は高架となり、南海電鉄が陰湿な手段で封鎖した踏切も廃止となっている。ホ

浜寺公園（写真下）と浜寺水路をへだてて広がる完成間もない頃の堺泉北臨海工業地帯（岸和田市立図書館所蔵）

現在の南海本線羽衣駅前。かつて駅の近くに「天兆閣」という料亭旅館があり、観光地としてもにぎわっていた

テルや旅館も閉鎖され、観光旅館の「羽衣荘」や「天兆閣」跡地がマンションになるなど、かつての活況は影をひそめた。浜寺公園は家族連れなどの姿も見られるが、電鉄会社が集客合戦を行ったほどのにぎわいは見られない。

「浜寺には東洋一といわれた海水浴場があってやなぁ、羽衣にはデッカい旅館とかホテルとかもあって、海水浴客の奪い合いで仁義なき戦いが繰り広げられたんやで」

そんな話を、いまの子ども世代にしても、にわかには信じてもらえないだろう。

†競合から共存の道へ

南海電鉄と阪和電鉄以外でも、バトルの火花を散らしたライバル会社はほかにもある。阪急電鉄と京阪電鉄だ。

阪急電鉄には中津駅という駅があるが、大阪梅田駅発着で電車が停まるのは神戸線と宝塚線だけで京都線は停車しない。その理由は、もともと京都線は梅田駅が始点ではなかったからだ。阪急京都線が梅田駅発着になる前は、天神橋駅が始点だった。現在の天神橋筋六丁目駅、略して「天六《てんろく》」である。大阪の人でも天六は地下鉄堺筋線の駅だと思っている人は多いだろうが、堺筋線が開通するまでは阪急電鉄の駅で、それ以前は京阪電鉄のターミナル駅だったのだ。

淀川東岸に本線を走らせていた京阪電鉄は、西岸への路線も計画する。そのために設立された子会社が新京阪鉄道で、天神橋駅から京都西院駅《きょうとさいいん》（現・西院駅）まで結んだ。新京阪鉄道は一九三〇年、京阪電鉄に吸収合併されるが、国による交通事業調整により阪神急行電鉄（阪急電鉄の前の商号）と合併し京阪神急行電鉄となった。

戦後、京阪電鉄は独立することになるものの、大きな問題が起こる。合併前の路線状態に戻したい京阪電鉄に対して阪急電鉄側が反対し、新京阪鉄道だった路線を阪急電鉄に残すよう要望したのだ。『京阪神急行電鉄五十年史』によれば、分離前の阪急電鉄は神戸線、宝塚線、新京阪線の西部ブロックと、京阪線、大津線の東部ブロックに分かれていて、それぞれが特徴を異にしているとし、当時の太田垣士郎《おおたがきしろう》社長は、「性格を異にする二つのブロックを分離することが最良の方法であるとの結論に達した」と語っている。

太田垣社長は阪神急行電鉄出身で、ほかの役員も阪急系が過半数を占めていた。京阪電鉄側の立場は弱い。そのうえ、あまり頑《かたく》なに新京阪鉄道の路線にこだわると、せっかく実現の運びになっていた京阪独立自体が反故《ほご》になる可能性もある。それどころか阪急電鉄は、京阪電鉄を分離せず京都から神戸までの一大路線網を維持しようという意見すらあったらしい。京阪電鉄は、やむなく阪急電鉄の提案をのむしかなかった。このような経緯があって、新京阪鉄道の路線は現在の阪急京都線、阪急千里線、阪急嵐山線となる。

余談になるが、一九六七年に世界初の自動改札機が置かれたのが阪急千里線の北千里駅だった。二〇〇七年には米国電気電子学会（ＩＥＥＥ）から、電気・電子技術分野における社会貢献が評価され、「ＩＥＥＥマイルストーン」に認定されている。

なお、京阪電鉄は阪急電鉄ではなく、戦前には阪神電鉄との合併も検討されていた。このときは立ち消えとなったが、平成の時代に入って再び交渉が行われている。発端は阪神電鉄の大株主である村上ファンドの思惑だ。だが合意に至らず、阪神電鉄は阪急電鉄と経営を統合、阪神電鉄が阪急ホールディングスの傘下に入ったのは周知の通りだ。

近年、関係が微妙なのが南海電鉄と京阪電鉄である。二〇二三年にオープンした南海難波駅近くの新街区「なんばパークス　サウス」に「ホテル京阪　なんば　グランデ」が開業したが、それをはじめて知ったとき、「難波に京阪⁉」と個人的には驚いた。難波には京阪電鉄の路線が通じていないからだ。電鉄会社が関与する施設は、その路線に設けられるものだという思い込みもある。

まさか、「南海と京阪が合併」もしくは「経営統合」ということはないだろうが。考えられるのは、もはや鉄道会社同士がライバル意識を持って競い合う時代ではない、ということだ。共存共栄していく道を選ぶのだろう。それは大手私鉄だけでなく、ＪＲもＯｓａｋａ　Ｍｅｔｒｏも同じ。乗客の奪い合いなど、いまやむかしの話なのだ。

†市営モンロー主義の黒歴史

仕事関係や観光で大阪に来る知人たちの誰も彼もが一度は口にするのは、「いちいち地下鉄に乗り換えなければ、都心に入ることができない。なんでこんな面倒なことになってるの?」といった類《たぐい》の言葉だ。

確かに、大阪市には東京のJR中央線のような、市内を東西につらぬくJR路線がない。JRだけではない、私鉄もない。中央線という市内の東西を走る地下鉄があるので、さほど不便には感じないが、不思議といえば不思議だ。

しかし、これは各鉄道会社の思惑でなっているのではない。それどころか、大阪中心部への路線延伸は、多くの私鉄が悲願としていた。はばんだのは当時の大阪市交通局だった。東京では地下鉄の多くが私鉄と直通運転しているのに対して、大阪は阪急電鉄が乗り入れる堺筋線と近鉄けいはんな線から直通する中央線だけしかない。

大阪市では一九〇三年に大阪市電(路面電車)が開業した際、「市街鉄道のような市民生活に必要な交通機関は、利害を標準に査定されるものではなく、私人や営利会社に運営を委ねるべきではない」という第二代大阪市長の鶴原定吉《つるはらさだきち》の主張によって、「市内の交通は市民の利益が最大となるよう市営にて行う」とした基本方針を掲げていた。この方針を「大阪市営モンロ

市電とバスが行き交う大正・昭和初期の大阪駅を写した絵はがき（『大阪・東京名所絵葉書』大阪市立図書館デジタルアーカイブ）

ー主義」ともいう。その後、一九二七年に開業した市営バスはもとより、一九三三年に開業した地下鉄も公営となった。

なお、「モンロー主義」とは、第五代ジェームズ・モンロー米大統領が提唱した孤立主義の外交方針のこと。往年のハリウッド女優、マリリン・モンローとは関係がない。これになぞらえ、「都心部の交通機関は大阪市が仕切りまっせ！」という態度をモンロー主義と呼んだのだ。

開業当初の南海電鉄が難波駅、阪神電鉄と阪急電鉄が梅田駅、近鉄が上本町駅と大阪阿部野橋駅、京阪電鉄が天満橋駅と、市内中心部ではなく周辺にある駅をターミナルとしたのは、そのためだ。

大阪市が強気な態度に出たからといって、鉄道各社が指をくわえて黙っていたわけではない。もともと京阪電鉄は開業時に現在の中央区にある高

阪神電車線
梅田駅
阪急電車線
梅田駅
京阪電車線
天神橋駅
京阪電車線
天満橋駅
大軌参急電車線
(大阪電気軌道)
上本町駅
南海本線
難波駅
南海阪堺線
恵美須町駅
阪和電車線
阪和天王寺駅
大阪鉄道線
大阪阿部野橋駅
南海上町線
天王寺駅

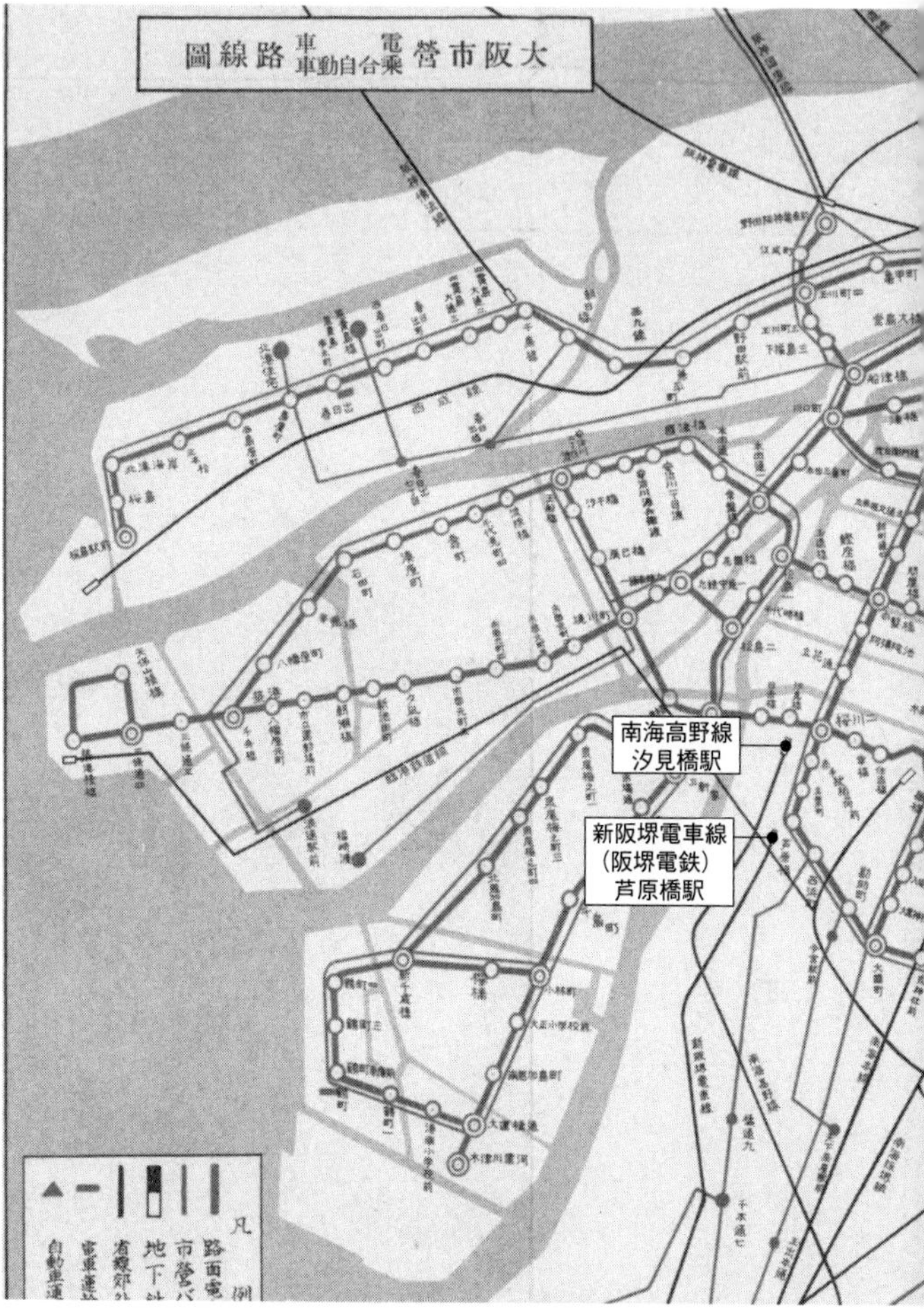

1937年当時の大阪市電・バス路線図に私鉄各線のターミナル駅を記載（『大阪市電気局事業概要』をもとに作成。国立国会図書館デジタルコレクション）

麗橋をターミナルに予定していたが、市の反対で天満橋に変更したという経緯がある。南海電鉄も梅田駅までの路線延伸を計画し、何度も市に申請していたが、すべて却下されていた。これが遺恨となって、次のようなちょっとした騒動も起きている。

戦後になって、市は地下鉄四つ橋線を西成区南部の玉出《たまで》から堺市の大浜まで延ばす計画を立てる。これに猛反対したのが南海電鉄だ。なぜなら、玉出も堺の大浜も、すでに南海電鉄の路線が通じていたからだ。このとき南海電鉄は、延伸反対の申し入れ書を国と市に提出している。それでも市は強引に計画を進めるが、南海電鉄を含む各私鉄も市と対立することになった。国からの許可が下りたのは、計画が持ち上がって一〇年以上も過ぎた一九五九年のことだ。私鉄各社も南海電鉄のように、その理不尽さに憤慨したのかもしれない。

四つ橋線は住ノ江公園駅まで延伸するが、そこで工事はストップしてしまう。路線を延ばしてはみたものの、思っていたよりも乗車人数が少なかったためか、ほかに資金を投入する必要に迫られたためかは不明だ。

そんなモンロー主義に風穴を開けたのが、一九九七年三月八日に開業したJR東西線だった。地下鉄中央線のように「大阪のど真ん中を通過」というわけではないが、それでも京橋駅から市街地の地下を通って兵庫県の尼崎駅を結ぶという、モンロー主義が有名無実と化すようなルートを取っている。

ＪＲ東西線は、当時の国鉄によって片町線と福知山線を結ぶ形で計画され、一九七一年には運輸省（現・国土交通省）の運輸審議会で「新設すべき路線のうち緊急に実施すべき区間」との答申を得るも工事は見送られる。さらに一〇年後に認可を受けても、財政難を理由に着工はなされなかった。モンロー主義にしたがえば、本来は市が地下鉄の新路線を敷設すべきだろうが、こちらも財源がない。そこで一九八八年に設立されたのが第三セクターの「関西高速鉄道」だった。

関西高速鉄道には、ＪＲ西日本に加えて大阪市をはじめとする周辺自治体や大手民間企業が出資。関西高速鉄道が鉄道施設を保有し、ＪＲ西日本が旅客運送業務を担うという形がとられた。市街地の郊外化もあって、市は中心部だけの交通網整備に力を注ぐわけにはいかなくなるが、財政難は深刻だ。負担を少なくして郊外からの需要を満たすには、私鉄やＪＲの既存路線延伸に頼らざるをえなかったのだ。

やがて大阪の地下鉄も、二〇一七年の大阪市高速電気軌道（Ｏｓａｋａ Ｍｅｔｒｏ）の設立と翌年の運営継承によって民営化となり、大阪市営モンロー主義は消滅する。あれだけ市に文句をいっていた南海電鉄も、ＪＲや大阪府、そして大阪市と協力して、本章の冒頭で紹介したなにわ筋線の整備を進めている。ともあれ、現在の大阪市の面倒な路線事情には、こんな市の黒歴史があったのだ。

†大阪の地下鉄案内

大阪の地下鉄は、基本的には市内の南北と東西を結んでいる。この感覚で東京の地下鉄に乗ると、大きく間違うことがある。東京メトロの丸ノ内線がそうだ。ＪＲ山手線なら池袋駅と新宿駅は四駅しか離れていない。しかし、丸ノ内線では新宿を出発して銀座、東京、御茶ノ水などを経由して池袋に到着する。「新宿方面やから池袋も経由するやろ」と思い込んでいる大阪人は、大あわてしてしまうこともある。わたしの実体験にもとづいた話である。

関西三都の大阪、京都、神戸をみても、地下鉄が充実しているのは大阪だ。大阪市内であれば、ほとんどの場所に行ける。その充実さは「大阪市営モンロー主義」によるものかもしれないが、便利であることに違いはない。大阪人にとって地下鉄は、なくてはならない存在なのである。

大阪の地下鉄は、第三章で既述した通り一九三三年開業の御堂筋線がはじまりだ。その後、戦前に四つ橋線、戦後になって中央線、谷町線、千日前線、堺筋線と順次開設され、現在は八路線となっている。なかでも利用頻度の高いのは御堂筋線だろう。

大阪の大動脈といわれている御堂筋の地下に通された御堂筋線は、わたしが自宅や事務所を出て難波から梅田に出るのにも、新幹線に乗ろうと思って新大阪駅に行くときにも乗車する。

京都に行く際は淀屋橋駅で降りて京阪電車に乗り換えるか、梅田で阪急電車に乗り換える。ただ、朝夕の混雑は半端がない。その代わりに次から次へと電車は到着し、分刻みどころか秒刻みのダイヤではないかと思いたくなる。気をつけなければいけないのは、女性専用車両が平日の終日に設定されていること。特に東京の人に注意が必要なのは、先頭や最後尾ではなく中間車両に設定されているので、お間違えのないように。

大阪の地下鉄の路線で特徴的なのが谷町線である。走っているのが上町台地の地下のため、四天王寺や大阪城など沿線界隈には旧跡が多く、秀吉時代の名残である空堀も谷町六丁目付近である。さらに谷町線は八路線の中でも最長路線で、営業キロは二八・三キロメートル。北は守口市から南は八尾市までを結んでいる。

1931 年頃、御堂筋の地下鉄工事を写した絵はがき（『大阪名所』大阪市立図書館デジタルアーカイブ）

加えて谷町線最大の特徴といえるのが、駅名の長さだ。大阪府下でももっとも長い駅名は「四天王寺前夕陽ケ丘《してんのうじまえゆうひがおか》」。そのほかにも「太子橋今市《たいしばしいまいち》」「千林大宮《せんばやしおおみや》」「関目高殿《せきめたかどの》」「野江内代《のえうちんだい》」「駒川中野《こまがわなかの》」「喜連瓜破《きれうりわり》」など全二六駅中、

大阪名所の絵はがきに収められた開業当初の御堂筋線淀屋橋駅ホーム
(『大阪名所絵葉書』大阪市立図書館デジタルアーカイブ)

御堂筋線の車両。地下鉄の各線にはラインカラーがあり、御堂筋線は赤、四つ橋線は青、谷町線は紫などとなっている

四文字以上の駅名が一一駅もある。谷町四丁目や天神橋筋六丁目という「丁目駅」を除けば、いずれも二つの地名を合わせた駅名なのだ。

基本的に、地下鉄路線は幹線道路の下を通っている。地域の町は道路を境界にするところが多い。そのため、地下鉄の駅は二つの町の境に建てられる。ただ駅名を決める際、どちらの地名を名乗るかで問題となる。苦肉の策として採用されたのが、両地区を合わせた駅名だ。最長路線である谷町線は、町を区分する道路の下に通じている場合が少なくない。そのために谷町線には長い駅名が多いのだ。

「四天王寺前夕陽ケ丘」の駅名標。市交通局（当時）は「四天王寺駅」としたかったが、夕陽丘町の住民に猛反対されたという経緯がある

第三章で述べた近代建築の見学に適しているのが堺筋線だ。そもそも堺筋が船場の中心部を通っているため、「大大阪時代」を実感できる場所になっている。また、堺筋線には阪急が相互乗り入れしているため、高槻や京都河原町にも乗り換えなしで行けるのは便利だ。

また、ほかの路線と大きく異なるのが南港ポートタウン線（通称「ニュートラム」）である。中央線のコスモスクエア駅と住之江公園駅を結んでいるが、「地下鉄」といえないのは、ニュートラムはコスモスクエア駅を除いて高架路線なのだ。しかも無人の自動運転。路線は大阪ベイエリアを望む形になっており、車窓の景色は見ごたえがある。運転手がいないので、先頭車両の真ん前に座って進行方向を見ることもできることから、子どもたちにも人気の高い路線である。

そのほかの路線や沿線にも特徴があり、一日乗車券を使えば乗り降り自由。目的地までの移動だけでなく、各路線の違いを楽しむのもおもしろい。

†消えゆく私鉄の遊園地たち

大阪の遊園地といえば、現在はユニバーサル・スタジオ・ジャパン（一般的な略称はUSJだが、ここでは大阪らしく「ユニバ」と称する）が人気を独占している。ユニバは遊園地ではなくテーマパークらしいが、ユニバが開設される以前、大阪にもいくつかの遊園地があった。そのほとんどは大手私鉄の経営で、京阪電鉄のひらかたパーク、近鉄の近鉄玉手山《たまてやま》遊園地、南海電鉄のさやま遊園とみさき公園などが挙げられる。

現在でこそ鉄道のおもな乗客は、通勤や通学に利用する人となっている。しかし、高度経済成長期前はサラリーマンも少なく、遠くまで通学する学生も少なかった。鉄道各社が期待したのは、レジャー目的の利用客だ。前述した海水浴場をめぐる「南海vs.阪和」のバトルも、そのために勃発している。

レジャー客を獲得するため、私鉄各社は自前の遊園地を建設した。そうすれば運賃だけでなく、入園料などの収益も見込めるからだ。これが各沿線に遊園地が誕生した理由で、大阪府下ではないが阪神電鉄の阪神パーク、阪急電鉄の宝塚ファミリーランドなどの開園も同じ理由だ。

大阪の私鉄が経営する遊園地の中で、わたしが個人的によく行ったのは、地元である泉南郡岬町のみさき公園だ。子ども時代に家族で出かけたり、小学生のときに遠足で行ったり、大人になっても何度か足を運んでいる。

みさき公園の最大の特徴は、海に近いことだった。公園内には大阪湾を見渡せる灯台があり、遊園地の裏には砂浜もあった。水族館や動物園も設置され、定番の観覧車やジェットコースターなどの遊具もそろい、なぜか埴輪も立っていた。近くに淡輪《たんのわ》古墳群があると知ったのは、高校生になった頃だろうか。

閉園となったのは二〇二〇年三月三一日、六三年の歴史に幕を閉じた。閉園時にはイベントが計画されていたものの、新型コロナの流行で当初一カ月間予定されていた期間が、三月二四日から二七日と三〇日から三一日に短縮。規模も大幅に縮小され、駆けつけられなかったわたしは寂しさが募った。閉園後は岬町立みさき公園として、一部無料開放されていて、近年中には民間業者に委託し、動植物園や気軽にキャンプを楽しめるグランピング施設などを整備したレジャーランドとして再オープンする予定となっている。

なお、みさき公園の水族館と動物園で飼育されていた動物は、和歌山県のアドベンチャーワールドなどに譲渡され、公園のシンボルだった観覧車は栃木県の那須高原りんどう湖ファミリー牧場に移設されている。

現在のみさき公園の入り口ゲート。2024年以降、各施設の順次リニューアルオープンに向けて整備が進められている

玉手山遊園地は藤井寺市の道明寺駅が最寄り駅で、一九二八年、遊園地への通行路として駅のすぐ近くに流れる石川に玉手橋が架けられた（一九二九年に架けられたという説もある）。玉手橋は赤い欄干にところどころ施されたレンガの装飾と、独特のレトロなフォルムが特徴で、吊橋としては日本初の国の登録有形文化財となった。閉園は一九九八年で、その後は柏原市立玉手山公園（ふれあいパーク）として利用されている。

さやま遊園は、狭山藩北条家の子孫から寄贈された狭山池東畔の狭山藩下屋敷跡地を南海電鉄が遊園地として活用したものだという。二〇〇〇年に営業を終え、現在の敷地跡は住宅地とさやか公園という市民の憩いの場となっている。なお、遊園地があった頃の最寄り駅は南海高野線の狭山遊園前駅だったが、廃園にともない大阪狭山市駅に改称された。

これまで挙げた遊園地の中で存続しているのは、ひらかたパークだけだ。元V6で枚方市出身の岡田准一をメインキャラクターとし、テレビコマーシャルでも頻繁に放送されている。

東京でも、東京ディズニーランドや東武ワールドスクウェアなどの大型施設に遊園地は取って代わられたという。大阪では、やはりユニバである。マイカーの利用が普及し、鉄道を使って訪ねる人が減ったのも、私鉄経営の遊園地が次々に閉鎖された要因だろう。

派手なイベントもなく、奇抜なアトラクションもなかったけれど、安価で気軽でほのぼのとした雰囲気に包まれていた私鉄の遊園地たち。「大阪の子どもたちは私鉄遊園地で遊んで大人になった」「おじいちゃん、おばあちゃんの代からお世話になった」という人も、わたしの周りには多い。その跡地を訪ねると、当時の子どもたちの歓声が聞こえてきそうだ。みさき公園であるならば、その中にわたしの声も含まれているかもしれない。

†大阪モノレールが担う役割

モノレールは、いまや大阪の重要な交通機関である。信じてもらえないかもしれないが、まぎれもない事実だ。特に北摂の人には、ほかの路線との乗り換え手段としても、なくてはならない生活の足となっている。ただ、モノレールといえば、遊園地などで施設内を周回するようなイメージを持つ人もいるだろう。少なくともモノレールを利用しない泉州人であるわたしは、そんな印象を持っていた。

「一本の線路にまたがったり、ぶら下がったりしてるだけやったら、危ないんちゃうん？」

そんな気持ちもあった。強風で落ちてしまわないか、と要らぬ心配もしていた。実際には、風速が秒速二〇メートルを超え、危険だと判断されれば運転を見合わせ、二五メートル以上だと中止になる。これはJRなどの基準と同じ。モノレールだからといって、特別風に弱いわけではないらしい。

現在、日本で公共交通機関として運行されている路線は一〇路線だ。そのうち運行距離が一〇キロメートルを超えるのは、東京モノレールの羽田空港線、多摩都市モノレール線、千葉モノレール2号線、沖縄都市モノレール線、そして大阪モノレール線（本線）である。

なかでも大阪モノレール線は本線が二一・二キロ、支線の彩都《さいと》線が六・八キロ、両方合わせて二八キロと全国でもっとも長く、かつては世界最長を誇り、ギネスブックにも登録されていた。だが、二〇一一年に中国の重慶軌道交通3号線（重慶モノレール3号線）が三九・一キロの営業距離で開業すると、トップの座を退いている。残念だ。

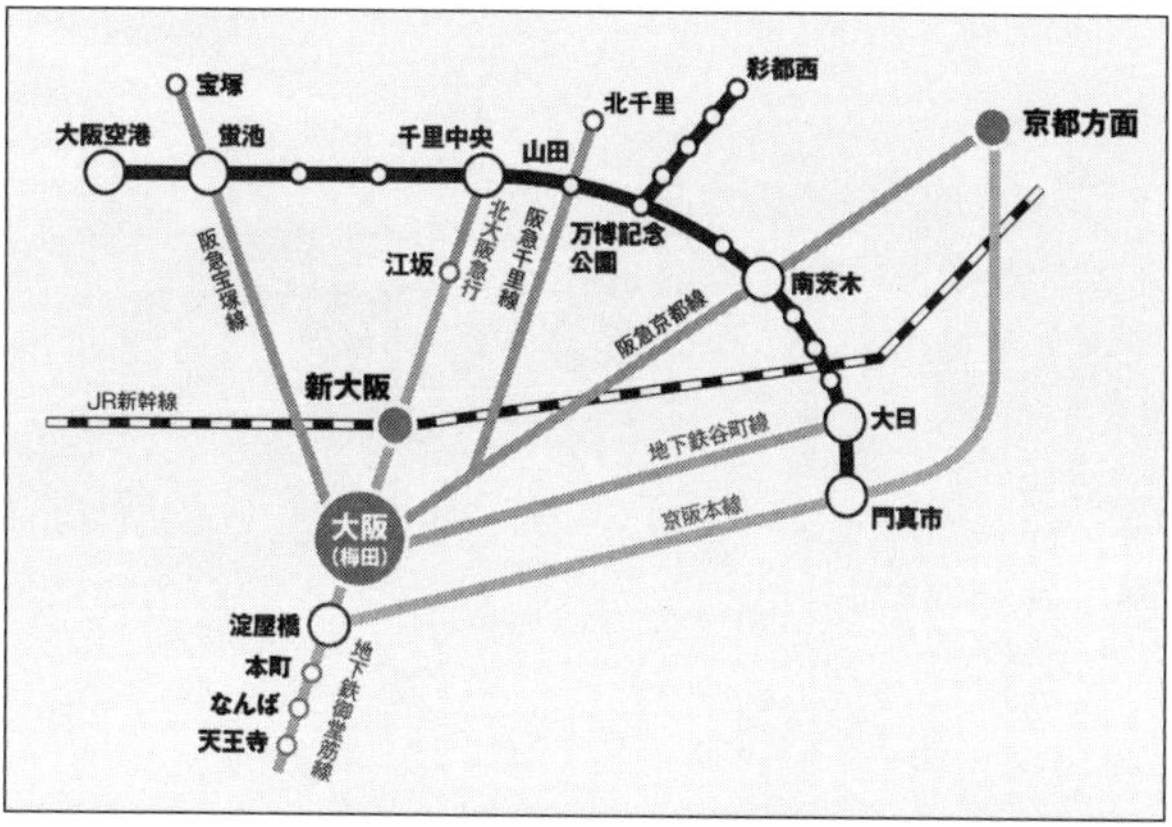

大阪市を半円状に取り囲む大阪モノレール線の路線図（2023年現在）
（大阪モノレールサービス株式会社提供）

大阪モノレール線は一九九〇年六月一日、まずは千里中央駅—南茨木間駅での開業となり、二〇〇七年三月一九日に現在の区間となった。なお、「大阪高速鉄道株式会社」だった社名を、開業三十周年となる二〇二〇年六月一日に、設立以来の愛称を用いた「大阪モノレール株式会社」に変更している。

地上路線ではなくモノレールになったのは、建設費用の問題が大きかったようだ。大阪府と各種鉄道企業は、一九八〇年に第三セクター方式の大阪高速鉄道を設立。当時は大阪府道2号線（大阪中央環状線）や近畿自動車道などの整備が進められていて、これらの工事と並行することによって費用が兼用でき、負担軽減と工事の効率化が見込めた。しかもモノレールなら、一般的な鉄道に比べて広大な土地を買収する必

1990年6月に行われた千里中央駅—南茨木駅間開業式典の様子（大阪モノレール株式会社提供）

要もなかった。

大阪の鉄道路線は大阪市内と周辺都市を放射状に結んでいたので、違う路線に乗り換えるには一度大阪市内に出るか、ほかの陸上交通を利用する必要があった。たとえば豊中市の蛍池《ほたるがいけ》から千里中央へ行くには、阪急宝塚線で梅田に出て、地下鉄に乗り換える必要があった。その距離約二四キロ。これが大阪モノレール線だと約五キロ。時間も大幅に短縮できるのである。

わたしはモノレール沿線の住民ではないし、北摂方面をぐるりとめぐる機会もなかった。そのため、モノレールの便利さを知る機会がない。というよりも、乗ったことすらない。怖かったのではない。本当に機会がなかったのだ。そこで、本稿を書くために乗車を試みた。

車内は若干狭く感じられるものの、窮屈さはない。「揺れるんちゃうん」と不安に思っていたが、そんなことはなかった。快適といっていい。線路の位置が高いので、車窓からのながめもいい。素晴らしかったのは、彩都線の車内から見た太陽の塔だ。

彩都線は吹田《すいた》市の万博記念公園駅を出て、弧を描きながら茨木市の彩都西駅へ向かう。万博記念公園駅からは太陽の塔が真正面に見え、それがぐるりと回って塔の側面から背中まで見渡せる。なかなかの絶景である。

万博記念公園駅に入る大阪モノレールの車両

現在、本線は豊中市の大阪空港駅から門真市の門真市駅までの一四駅、彩都線は万博記念公園駅から彩都西駅までの五駅だが、二〇二九年には門真市駅から東大阪市の瓜生堂《うりゅうどう》まで延伸される計画が組まれている。

延伸される路線では、地下鉄の長堀鶴見《ながほりつるみ》緑地《りょくち》線、JR学研都市線、近鉄けいはんな線、近鉄奈良線などとの接続が予定され、北摂のみならず、北河内や中河内の交通手段が広がる。泉州と南河内は置いてけぼりだが、さらに大阪湾近くまで延伸されれば南海本線ともつながり、

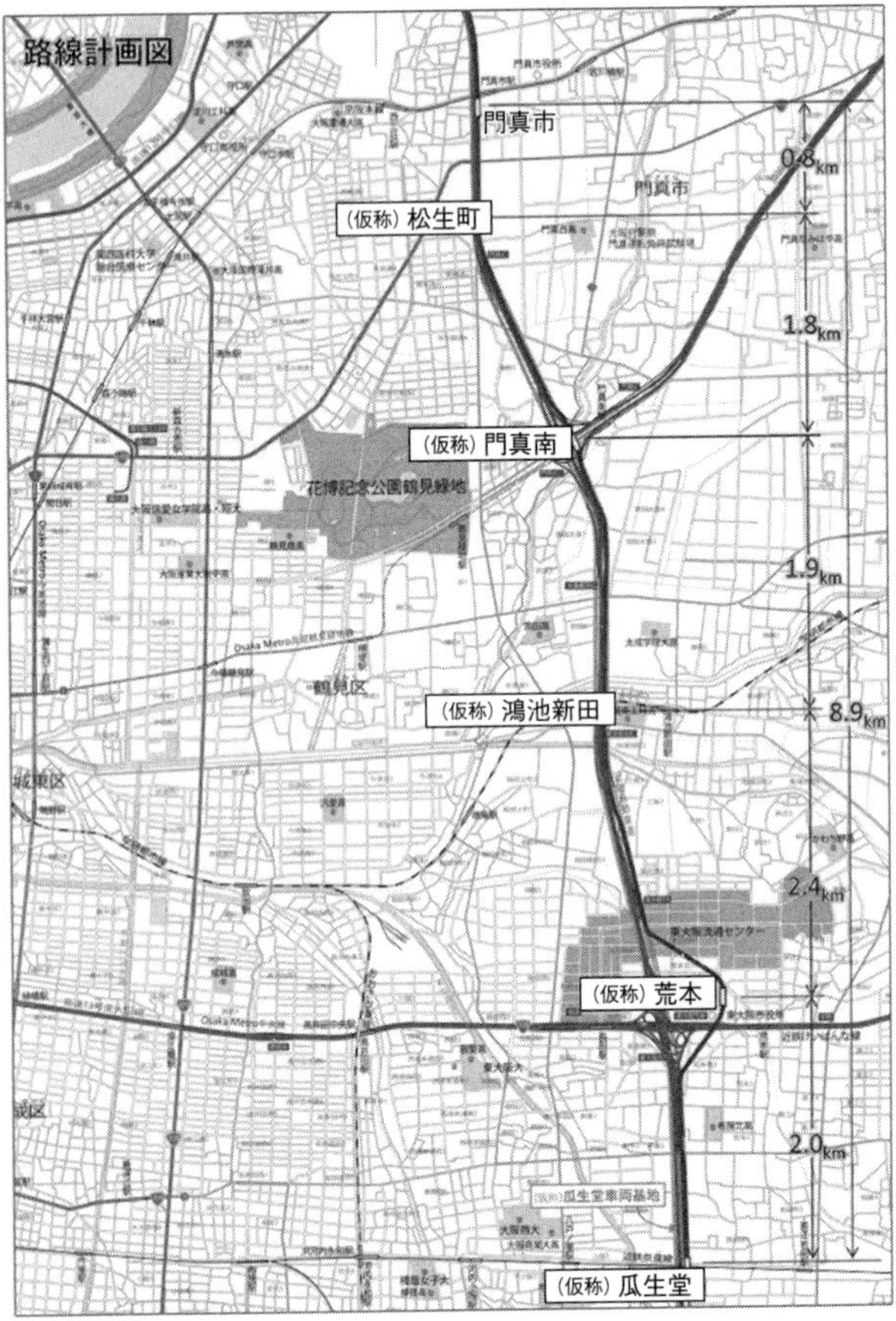

大阪モノレール線の延伸路線計画図（大阪モノレール株式会社提供。図版は国土地理院標準地図をもとに作成したもの）

大阪府東部から関西国際空港への交通アクセスの利便性が高まるし、大阪府南部の住民が大阪国際空港（伊丹空港）に行くにも便利だ。

大阪には豊中市と大阪市住之江区を半円状で結ぶ国道479号線（通称「大阪内環状線」）、堺市堺区と池田市をつなぐ中央環状線、池田市と泉佐野市に通じる大阪外環状線という幹線道路がある。大阪モノレール線がさらに延びれば、環状道路の鉄道版として南部、東部、北部のつながりがさらに期待できるのだ。

†私鉄沿線に見る住民気質

大阪では私鉄の違いで沿線住民の気質が異なるといわれる。それに関する書籍も出ていて、だいたいが近鉄、阪急電鉄、阪神電鉄、京阪電鉄、南海電鉄の五大私鉄で分けられている。だが、私にいわせれば区分けが大雑把すぎる。そもそも五区分程度では収まらないのである。同じ南海電鉄でも本線と高野線では違いがあるし、近鉄なら奈良線、大阪線、南大阪線などで異なる。私鉄だけでなく、ＪＲでも違いはある。

ここでは、沿線ごとの大阪人の気質の違いを知ってもらうため、キーワードに即して持論を展開していきたい。なお、あくまで大阪で暮らし続けてきたわたしの経験と独断にもとづいたものであることを先に述べておく。

全沿線ごとに細かく記すと、それこそ本一冊分のボリュームが必要になるので、ピックアップするのは阪急京都線、京阪本線、南海本線、南海高野線、近鉄奈良線、近鉄大阪線、近鉄南大阪線に限定させていただく。五大私鉄の中で阪神電鉄が含まれないのは、大阪内の路線が短いためで、ご容赦いただきたい。

①大阪弁のグラデーション

一口に大阪弁といっても地域で違いがある。千里ニュータウンの建設にともなう土地開発でベッドタウン化した阪急京都線沿線は、移住者で人口が激増したこともあり、大阪市内と同じような言葉づかいで比較的ていねいだ。テレビでお笑い芸人や関西出身のタレントが話している言葉をイメージしてもらうとわかりやすい。「あれで、ていねいなの?」と思われるかもしれないが、ほかの地域に比べれば、まだ品がある。

京阪本線沿いも都市部のベッドタウンや、松下電器産業（現・パナソニック）に代表される工場の進出で発展したため、言葉も阪急京都線沿線に近い。特に大阪以外から移り住んだ人は大阪弁に慣れるまで、共通語かそれに近い言葉を話す。しだいに順応してくるのだが、あまり過激な言葉は使わない。そんな移住者が増えれば、方言も角が取れるというわけだ。

ただ一方で、京阪本線沿いは淀川水運や京街道（大坂街道）の宿場町として栄えた歴史を持つため京都とのつながりが強く、都からくる人と接する機会も多い。そのため、京ことばの影響も強く、高齢者の中には「ます」の代わりに「やす」を使い、京ことばの「どす」をつける人もいるという話は聞く。あいにく京阪本線沿線の高齢者に知り合いはいないので、わたしは耳にしたことはないが。

独特の方言を使うのは、近鉄と南海沿線の住民だ。近鉄と南海高野線の中河内・南河内弁では、「あなた」を「われ」、「する」を「さらす」など、語調が荒っぽい。「われ、なにさらしとんど」「われ、どこへ行きさらすねん」がスタンダードな言葉だ。勝新太郎と田宮二郎のコンビで人気を博した往年の映画『悪名』シリーズのセリフを聞くと、よくわかる。

河内弁に匹敵するのが、南海本線の泉州弁だ。河内弁では「どっか行くんけ?」というふうに、疑問を表す言葉として「け」をつけるのに対し、泉州弁はたいていの言葉の末尾に「け」がつく。「そんなことというてへんやんけ」「えらい高いやんけ」という調子だ。また、「聞いといちゃって」「見ちゃって」の「ちゃって」は、「ください」という意味だ。「すごい」に相当する感嘆語の「わっしょれー」は泉州弁独自のもので、たとえば、「すごい! 君の彼女はとても美人じゃないか」は、「わっしょれー、お前の彼女えらいべっぴんさんやんけ」という言葉づかいとなる。

泉州でも南部では、「今日はいけやん（今日は行けない）」「誰もきいひん（誰も来ない）」など、和歌山弁の影響も強い。さすが紀州徳川家五五万石のおひざ元。文化の影響力は、紀の川や和泉山脈も越えてしまう。これは京都弁の影響を受ける京阪本線の住民と同じ現象である。

②私鉄沿線のヤンキーたち

言葉は住民の気性にも比例し、それは「不良」と呼ばれる若者たちの言動にも如実に反映される。二つ目のキーワードは「ヤンキー」である。

そもそもヤンキーという言葉は大阪が発祥で、七〇年代頃の「アメリカかぶれした青年たち」を指した。特にリーゼントヘアーのロックンローラーがヤンキーとされ、不良少年の代名詞となる。単なる「アメリカかぶれ」なので、当初はサーファーもヤンキーと呼ばれていた。

ヤンキーは大きく「都会型」と「田舎型」に区別されると考えられる。どちらも「地元に愛着がある」「年功序列に厳しい」といった共通点はあるものの、都会型よりも田舎型の方が、その傾向は強い。

田舎型は地元愛が強烈で、女性や高齢者であっても年上を敬う。一方の都会型は、「地元は好きやけど、町内会とか面倒なことは嫌い」「学校とか地元の先輩とか、知ってる大人には敬語使うけど、その辺のおっさんとかおばはんは、どうでもええ」というタイプだ。

都会型が多いのは、やはり阪急京都線沿線と京阪本線沿線で、近鉄は奈良線が都会型、大阪線は田舎型の比率が高く、近鉄南大阪線と南海本線、高野線には田舎型しかいないというのが、わたしがこれまで見てきた人たちを通した分類である。

③「排他性」の温度差

次のキーワードは「排他性」である。すなわち、〝よそ者〟をどこまで受け入れるか、だ。阪急京都線沿線は、そもそも移住者で成り立ってきたところがあるので、だれでもウエルカム。京阪本線沿線も高度経済成長期以降の移住者が多いので、比較的排他性は低い。しかし、これらの沿線で生まれ育った人にとっては〝地元〟であり、そのため旧住民と新しく引っ越してくる人との間で温度差が生まれつつあるという。

一方で、排他性の強いのが近鉄と南海高野線だ。近鉄奈良線はさほどでもないが、大阪線と南大阪線はかつて農村地帯だったので、古くからのコミュニティができあがっている。それは高野線も同じ。だが、宅地開発で新住民が増える。この古いコミュニティと新住民たちの新しいコミュニティとは接点が少なく、新住民は新住民で自分たちのコミュニティをつくりがちなのである。

それを顕著に示すのが祭りだ。祭りが大いに盛り上がっているのは、近鉄南大阪線、南海本線と高野線沿線、いわゆる南河内と泉州で、「だんじり」や「ふとん太鼓」、「やぐら」といった出車《だし》が地域を練り歩いたり、疾走する。地域の神社の祭礼を原則とする祭りは、古来のしきたりにのっとって行われる。そのため、古くからの住民が氏子総代や町会長といった重責を担う。旧住民の中では、いまだに「本家と分家」といった差があるとも聞く。住民たちの中にも、微妙な温度差が生じるのだ。

祭りが盛んなのに、意外と排他性の低いのが南海本線だ。そもそも泉州地方の海岸側は、江戸時代から商工業で栄えており、エリアの違いはあっても、多様な職種の人が住んでいた。明治時代になると紡績業や海運業で繁栄し、地方からの移住者も増える。さまざまな地域のさまざまな職業の人が混住していたので、他者を排斥する意識が低い。

祭りにしても、他地域や他市町の人でも祭礼団体にさえ加入すれば参加できる。町内会には町内に住む人しか加入できないにしても、祭りの責任者レベルなら、町外・市外の人間でも就くことができるところも多い。だんじりの本場である岸和田市は特にそうだ。でないと、一つの町につき三〇〇人から五〇〇人といわれる祭礼の参加者は集まらない。

このように見てくると、もともと地域で違いのあったところに、鉄道路線が引かれたことになる。阪急京都線は北摂の三島地域、京阪本線は北河内、近鉄奈良線と大阪線は中河内、近鉄南大阪線と南海高野線は南河内で、南海本線は泉州だ。ただ、個別に分かれていた地域に鉄道が通じたことで各地域の住民のつながりがいっそう強くなり、余計に地域の独自性が強まっていった。それが「私鉄沿線による住民気質の違い」となっていったことは、十分に考えられるのである。

†これが関西の鉄道の常識

これまで大阪の鉄道について、その成り立ちから将来の展望などを記してきた。本章の最後に、大阪の鉄道ならではの雑学ネタをご紹介しよう。

大阪を含む関西の鉄道には関東とは違った特徴がある。一つはグリーン車の有無だ。もちろん新幹線にグリーン車は存在するが、在来線にはない。東京に行ったとき、初めて在来線のグリーン車に乗ってみた。「グリーン車やさかい、座席指定でゆっくり座れるんやろな」と期待したものの、座席指定はなく、必ず座れるとも限らないことに驚いてしまった。もちろん払い戻しはあるものの、手間がかかって仕方がない。基本的に、大阪人は面倒なことは大嫌い。わたしも例外ではない。

さらに、関東に「新快速」がないのにも驚く。関西で一般的な新快速は、最高時速一三〇キロというスピードを誇る。JR東日本には「特別快速」という列車は存在するものの、新快速ほど速くはない。JR東日本の路線にはカーブが多く、高速運転ができるところが少ない、建物が多い地域を走るため減速する必要が多い、速度を上げるより電車の本数を最大限に増やす方が求められる、などの理由があるらしいが、関西と関東の大きな違いだ。

なお、新快速に乗ると大阪駅から京都駅までは約二九分で到着する。走行距離は四二・八キロ、時速は約八九キロで最高速度は時速一三〇キロ。ちなみにＪＲ東日本の東京駅─八王子駅間（距離四七・四キロ）は中央線の「中央特快」だと時速五七キロ、時間は最速で約五五分かかる。

違いといえば、まだある。関東は埼京線、京王線、東上線のように出発点と終着点の地名をつなげた路線名が多い。一方の関西は南海電鉄の高野線、阪急電鉄の神戸線、京都線など行き先で表記されている。ＪＲでも和歌山線、奈良線、京都線、神戸線など行き先名が多く、これは下り方面の行き先を示したものだ。ただし、京都駅から出発する奈良線の下りの終着駅は京都府木津川市の木津駅で、奈良県内は一切通過しないことをつけ加えておく。

さらに大阪にはＪＲ難波駅のように、わざわざ「ＪＲ」を冠した駅名がある。ざっと挙げれ

JR 大阪駅に停車中の新快速の車両。2020 年に運行開始から 50 周年を迎えた

ば、ＪＲ淡路《あわじ》駅、ＪＲ総持寺《そうじじ》駅、ＪＲ長瀬駅などなど。ＪＲ関西本線の終着駅であるＪＲ難波駅はもともと湊町《みなとまち》駅だったが、駅が難波寄りに移転したことや、地下鉄や近鉄の難波駅と連絡するために改称している。そのほかの駅名は、私鉄駅の近くにＪＲの新路線や新駅が建設されたときに区別するためにつけられたものだ。ここにも「私鉄王国・大阪」の鉄道事情が影響しているのだ。

第五章　キタとミナミ、そしてディープサウス

†大阪の住宅事情は「北高南低」

ここまで大阪の成り立ちについてみてきたが、本章ではもっと焦点を狭め、町ごとの特徴について言及してみたい。特にわたしの思い入れが強い町やエリアを紹介していくことで、リアルな大阪を感じていただければと思う。

ところで、「東京右半分」という言葉がある。写真家・編集者の都築響一《つづききょういち》氏が、著書『東京右半分』（筑摩書房）で表現したネーミングで、足立区や台東区、葛飾区などを指すらしい。この辺りが下町であることは大阪人のわたしでもわかる。ただ、浅草、上野と秋葉原が同じ台東区というのには少なからず驚きを覚える。

一方で左半分、つまり西側は高輪のある港区や田園調布の大田区、成城の世田谷区、広尾の

渋谷区などなど。このことから、東京は居住環境の面で「西高東低」といわれている。なお、都築氏のいう「東京右半分」は、「東京のクリエイティブなパワー・バランスは、東＝右半分に移動しつつある」というのがテーマなので、地域経済や居住環境とは必ずしも結びつかないのでご注意いただきたい。

東京の「西高東低」を大阪市内に置き換えるなら、「大阪下半分」ということになるのだろうか。市内北部の旭区や城東区、鶴見区などは高層マンションも建つ住宅街で、淀川区や福島区、此花《このはな》区といった地域は工業地ではあるものの住宅地としての人気も高い。かたや南部の西成区、東成区、生野《いくの》区などは庶民的な町が多い。しかし、高級住宅地である帝塚山《てづかやま》は阿倍野区、真法院《しんぽういん》町は天王寺区と、いずれも市内南部だ。したがって、必ずしも南部が居住環境的に劣るというわけではない。

しかし、府下に目を移せば確実に「北高南低」だ。「北部に比べ南部は開発が遅れている」「北部は住みやすいが南部は環境が悪い」ということになる。第三章で「大阪万博には功罪がなかった」と記した。大阪全体を見れば、その通りだと思う。だが、地域で見た場合、万博を契機に格差が生まれてしまったのも事実なのだ。

†千里ニュータウンの誕生

「北高南低」といわれて久しい大阪だが、かつては逆の「南高北低」だった。特に泉州では、中世からの貿易都市である堺市を筆頭に、戦国時代に城が築かれた岸和田市は江戸時代になると譜代大名の藩地となり、貝塚市には願泉寺《がんせん》を中心とする寺内町《じないちょう》が開かれた。泉大津市は堺や大阪の問屋に運ぶ和泉木綿の集積所が設けられ、泉佐野市では廻船業で富をなした食野家《めしのけ》や唐《から》

日本遺産に登録されている泉佐野市の「いろは蔵通り」。かつて通り沿いには江戸時代の豪商、食野家、唐金家たちの蔵が 50 棟近く並んでいた

岸和田市のシンボルでもある岸和田城。江戸時代に焼失した天守は 5 層だったとされるが、1954 年に 3 層で再現された

金家《かねけ》、矢倉家という豪商が誕生している。

明治時代になっても、紡績工場の従業員や港湾従業員として遠く地方からも人が集まってきた。わたしの知り合いにも、親の出身地が九州や沖縄だという人は何人もいる。物販業や飲食業、レジャー産業も活況を呈し、ますます人口増加率は右肩上がりを続けた。

ちなみに、市制が敷かれたのは、現存する市では堺市が一八八九年四月一日で大阪府では二番目、岸和田市が三番目、泉大津市は七番目、貝塚市は九番目、泉佐野市は一四番目というように、泉州の市制施行は、府内の他地域と比べて比較的早く、繊維産業を支えた綿花の一大産地だった。南河内も、江戸時代以前から高野詣や石川と大和川を活用した水運の入り口としてにぎわっていたのは第二章で述べた通りだ。

一九五五年頃からはじまった高度経済成長とともに、大量の人口が職を求めて都市へ集中するようになったこともあり、大阪府は一九五八年、千里丘陵に千里ニュータウンの建設を決定する。泉州や南河内に比べ、吹田市や豊中市といった北摂には開発の余裕があったからだ。

第三章で触れたように、「煙都」と呼ばれた大阪市内から逃れた富裕層たちによって高級住宅地となった阪神間は、家や土地の値段が高い。けれど、北摂ならば手が届くという新婚夫婦などがこぞって住みはじめ、人口は爆発的に増加。千里ニュータウンへの入居は一九六二年にはじまったが、三年後には早くも人口が三万人を突破している。

千里ニュータウンへの最初の入居がはじまった佐竹台の住宅群(1969年作成簿冊『千里ニュータウン』大阪府公文書館所蔵)

入居開始の翌年にはニュータウンへのアクセス路線として、これまで天神橋筋六丁目駅から千里山駅を結んでいた阪急千里山線(現・阪急千里線)が延伸され、新千里山駅(現・南千里駅)が開業し、一九六七年には路線の延長で北千里駅を新設した。

そして、さらに開発に拍車をかけたのが、大阪万博だ。一九六五年九月、万博の開催が正式に決定すると、関連事業として交通網の整備が急ピッチで進む。千里丘陵には、新たな交通機関として北大阪急行電鉄が開業。名神高速道路と近畿自動車道を結ぶ吹田インターチェンジも誕生するなど、その後の千里・北摂エリアの発展に大いに寄与し、「南高北低」は完全に逆転してしまうのである。

北部が発展していく様を見て、南部の人は楽

1966年に撮影された千里ニュータウンの全景（「千里ニュータウン航空写真 昭和41年撮影」大阪府公文書館所蔵）

「東洋のマンチェスター」時代、岸和田は大阪随一の工業地帯となり、海岸沿いにはレンガ工場や紡績工場が林立した。写真は『岸和田名勝』に収められた絵はがきの１枚（岸和田市立図書館所蔵）

観的にとらえていたと父親世代はいっていた。「どんなけ人が寄っても、しょせんは田舎。わいらに敵《かな》うわけあるかえ」といったところか。まさか地場産業だった紡績業が、斜陽に向かうとは思ってもいなかったのだろう。

七〇年代半ば頃から、あれよあれよという間に南部は衰退していく。慌ててみても後の祭り。「人通りが多すぎて、向かいの店に行くにも人をかき分けんと行かれへんかった」とまでいわれた、わたしの実家近くの岸和田の商店街も寂れ、スナックやバーが櫛比《しっぴ》していた歓楽街も、閉店する店が増えた。

それは岸和田だけでなく、泉州全域にいえることだった。開発の余地があった南河内は、七〇年代後半から八〇年代にかけてベッドタウンとして注目を浴びるが、大阪市内への交通が不便ということもあり、郊外型の新興住宅地が点在する程度である。

この格差は、将来的にもくつがえることはないだろう。ただ、郊外よりも都心の人気が高い昨今、大阪北部といえどもうかうかしてはいられない。実際、東京の多摩ニュータウンがそうであるように、千里ニュータウンでは高齢化が進み、空き室も目立つという。南北格差は狭まって、「大阪市内一極集中」の時代が訪れる可能性は大きいのだ。

繁華街・ミナミの定義

大阪の二大繁華街といえば、「キタ」と「ミナミ」だ。一般的にキタは梅田駅や大阪駅の周辺を指し、ミナミは難波駅から北側をいう。

もともとミナミは、「島之内」という地域の別称だった。大坂夏の陣が終わった一六一五年頃から開発がはじまった島之内は、東西が船場と同じく東横堀川から西横堀川（現・阪神高速1号線北行き）までの範囲だが、南北は長堀川（現・長堀通）から道頓堀川まで。つまり、船場の南側である。ミナミという名称も「船場の南」という意味で、「南地《なんち》」とも呼ばれている。

その後、江戸時代中期には、道頓堀周辺に宗右衛門町《そうえもんちょう》、現在の道頓堀一丁目から二丁目の一部に当たる旧九郎右衛門町《くろうえもんちょう》、旧東櫓町《ひがしやぐらちょう》、千日前の東側に位置した旧阪町《さかまち》、同じく南海難波駅近くに難波新地という花街が形成され、これらを総称して「南地五花街」という。この南地五

島之内の南端で南地五花街の一つとして栄えた宗右衛門町だが、かつての花街の風情は失われている

花街のエリアもミナミの範疇とされ、島之内に限られていたミナミの範囲は拡大された。

ミナミは札幌・すすきの、新宿・歌舞伎町、福岡・中洲よりも面積的には日本最大といわれている。しかし、どこからどこまでをミナミとするかで、この説は覆されてしまう。いまもスナックやクラブ、キャバクラにホストクラブ、料亭、割烹《かつぽう》、小料理屋が軒を連ね、ネオン瞬く宗右衛門町や旧畳屋町、旧玉屋町、旧笠屋町などといった現在の東心斎橋界隈が、本当の意味でのミナミとする意見も少なからず存在する。「難波は難波、千日前は千日前であって、厳密な意味でのミナミではない」というわけだ。

難しいのが、のちほど紹介するアメリカ村の立ち位置である。アメリカ村のある西心斎橋一帯は、北は長堀通、南は道頓堀川、東が御堂筋で西は元西横堀川である。したがって島之内の範囲内であり、エリア的にはミナミといって差し支えはない。だが、アメリカ村が繁華街にな

江戸期の芝居町から大阪随一の繁華街へと発展した道頓堀。写真は大正初期の道頓堀角座前のにぎわい（『大阪府写真帖』国立国会図書館デジタルコレクション）

明治以降、道頓堀に並ぶ繁華街となった千日前。写真は1914年に建設された総合娯楽施設「楽天地」の絵はがき（『大阪絵葉書貼込帳』大阪市立図書館デジタルアーカイブ）

ったのは七〇年代前後。わたしより一つ二つ上の世代からは、「アメリカ村がミナミっていうのは、ちょっとなぁ」という声も聞こえてくる。

ただ、「アメリカ村がミナミ」に難色を示す世代の人でも、「千日前や難波がミナミ」という意見には首肯する。そんな人たちにとってのミナミとは、映画を見て、買い物をして、食事をして、一杯飲んで、懐《ふところ》に余裕があればべっぴんさんのいる店に行くという、大人のレジャーが楽しめる場所のことだ。となれば、難波、千日前、戎橋《えびすばし》、心斎橋、道頓堀、島之内界隈こそがミナミであり、若者でにぎわうアメリカ村を含めようとはしないのだ。

†曽根崎新地からはじまる

一方のキタは「北の新地」、すなわち「北新地」の別称だった。北新地は堂島に置かれた遊郭（堂島新地）が曽根崎《そねざき》に移されたとき、「堂島の北にある新地」というのが名前の由来だ。この曽根崎新地が北新地と呼ばれたので、いまも北新地界隈の町名は曽根崎新地である。

ちなみにミナミの場合、「難波にご飯食べに行こ」「心斎橋で服買《こ》うたねん」というように目的地を指して語ることもあるが、阪急東通商店街や茶屋町などに行くとき、「東通に飲みに行くねん」とか「茶屋町に買い物行けへん？」とは、ほとんどいわない。全部をひっくるめて「キタへ行く」もしくは「梅田に行く」である。「北新地や曽根崎が本来の意味でのキタ」という声も、あまり耳にしない。

船場という大阪の中心地に隣接するミナミと違い、梅田界隈が発展するのは明治時代以降、大阪駅ができてからだ。大阪駅の開業は一八七四年。それまでは湿地帯と田畑が広がる辺鄙《へんぴ》な場所だった。「梅田」という地名も、「埋めた田んぼ」「湿地を埋めた土地」ということに由来

近松門左衛門作『曽根崎心中』の舞台となった露天（つゆのてん）神社（通称「お初天神」）。大阪駅から徒歩８分ほどの距離にある

四つ橋筋に面した北新地の西側入り口。ここから東に向かって斜めに伸びる北新地本通一帯が高級飲食店街

する。

大阪駅ができても、ミナミとキタとでは歓楽街として歴然の差がある。心斎橋筋という大阪随一の繁華街はもとより、難波や千日前、道頓堀もある。「大大阪時代」を契機に阪急や阪神の百貨店がオープンして繁華街となっても、ミナミが大阪一の繁華街であり、歓楽街という地位は揺るがなかった。しかし、それが覆ったのは六〇年代の終わり頃からだ。

高度経済成長期に入って新幹線も通じると、新大阪駅に近い梅田は東京へのアクセスがよく、オフィスを構える企業が増えた。北摂のニュータウンに住む住民が阪急京都線を利用して、キタで買い物などをするようになったのもこの頃からだ。戦後のヤミ市も整理されて、跡地には商業エリアが広がる。大阪駅前第1ビルから第4ビルはヤミ市の跡に建てられたものであり、現在に続く梅田エリアの再開発の先駆けとなった。繁華街としての立場はいつしか逆転し、七〇年代にはキタが大阪でもっともにぎやかなエリアと捉える人も多くなったのである。

わたしは岸和田に住み、事務所を難波に構えているので遊ぶ場所といえばミナミだ。愛着もある。しかし、「ミナミとキタ、どっちが好き?」と聞かれると、「キタ」と答えてしまう。意外に思われるかもしれないが、飲みに行くのであればキタの方がバラエティに富んでいて目的の店が探しやすいからだ。

わたしが好んで飲みに行くのは、立ち飲み屋か大衆酒場、もしくはビールやウイスキーを一

1874 年 5 月 11 日に開業した初代大阪駅（大阪市立図書館デジタルアーカイブ）

戦後、大阪駅前に広がったヤミ市（出典：『写真で見る大阪市100年』大阪都市協会）

大阪駅前第３ビル竣工当時（1979年9月11日撮影）の大阪駅周辺（国土地理院空中写真をもとに作成）

杯か二杯だけ飲めるようなバー。そして、余計なサービスは不要で、「その他大勢の一人」として扱ってもらいたい。常連客が集う店で気安く話しかけられても返答に困るのだ。そんな気兼ねのない立ち飲み屋も、カウンターメインの大衆酒場も、洋酒の種類が豊富な渋いバーも、キタの方が多いような気がする。

1階と2階に約100店舗もの飲食店が入っている新梅田食道街

ほかにも、大阪駅前ビルの地下フロアや梅田の地下街には飲食店街があるし、阪急の大阪梅田駅の近くには「新梅田食道街」という、飲み屋の多い飲食店街がある。ことわっておくが、「食堂街」ではなく「食道街」だ。照明が明るくて店内の様子もうかがいやすく、ふらっと一人で飲みに行くのであれば、安全だし、安心だ。

†ブルースに歌われた天王寺

大阪には「天使のダミ声」と呼ばれるブルースシンガーがいる。元憂歌団の木村《きむら》充揮《あつき》だ。そんな木村の歌に、『天王寺』という曲がある。

ただ、ここで歌われている天王寺は、四天王寺などの寺社があったり、有名進学校があったり、芦屋にも勝る高級住宅街である真法院町の位置する界隈ではない。ＪＲや地下鉄の天王寺駅や近鉄の大阪阿部野橋駅近くの天王寺公園周辺だ。

天王寺公園は一九〇三年に開かれた「第五回内国勧業博覧会」の会場跡を整備してつくられた。同じく跡地を利用して開発されたのが、現在の「新世界」である。

なお、歌詞の中に出てくる茶臼山の本来の読み方は「ちゃうすやま」だが、木村は「ちゃうせやま」と歌っている。地元の発音だ。曲中には「安酒飲んで串にドテ」というフレーズも登場する。「串」は串カツで、「ドテ」はドテ焼きのことをいう。ドテ焼きは大阪名物の居酒屋メニューであり、牛スジ肉を味噌やみりんで煮込んだ料理だ。「煮込んでいるのにドテ焼きとは、これいかに」と思うが、煮込んだスジ肉を串に刺したタイプとコンニャクなどと一緒に器に盛るタイプがある。

織田作之助は『夫婦善哉』で、「夜店の二銭のドテ焼（豚の皮身を味噌で煮つめたもの）が好きで、ドテ焼さんと渾名《あだな》がついていたくらいだ」「無論一流の店にははいらず、よくて高津《こうづ》の湯豆腐屋、下は夜店のドテ焼き」と書いている。『夫婦善哉』は一九四〇年に発表されているので、昭和初期にドテ焼きが存在していたことは確かだが、作之助の描写が正しいのであれば、当初は牛スジ肉ではなくブタの皮を材料にしていたのかもしれない。

1903年3月1日から7月31日にわたって開催された第5回内国勧業博覧会の全景。入場者数は430万人を超え、莫大な経済効果をもたらした（『第五回内国勧業博覧会』国立国会図書館デジタルコレクション）

1909年に開園した天王寺公園の絵はがき（『大阪名所絵葉書』大阪市立図書館デジタルアーカイブ）

2015 年に公園のエントランスエリア（てんしば）が整備され、レストランやカフェ、ドッグランなどが設けられた

　一九八〇年代頃から天王寺公園にはホームレスが野宿するようになり、一九八七年に開かれた「天王寺博覧会」のあと、彼らを排除するためだけに公園の外周はフェンスで囲まれるようになる。また、同じくホームレス排除を目的に、開園以来約八〇年間も無料だった入園料を有料化した（現在は一部施設を除き、入園料は無料）。

　公園には野外音楽堂（天王寺音楽堂）もあり、毎年五月のゴールデンウィークに「春一番」と銘打たれたコンサートが開かれていた。その後、天王寺音楽堂は一九八一年に閉鎖となったが、翌年に大阪城音楽堂として大阪城公園内にオープンしている。

　まだ公園にフェンスが設置されていなかった頃、公園から天王寺動物園へ向かう公道ではカラオケ機材を持ち込んだ「青空カラオケ」という露店が軒を連ね、大道芸や野外将棋を指す人の姿も見られた。まだわたしが若造だった頃は近寄りがたい雰囲気もあったが、その「近寄りがたさ」があればこその天王寺公園だと思っていた。

飾らず、人目を気にせず、自分たちだけの楽しみに時間を費やす。交わることはなかったにせよ、となりでタバコを吸ったことくらいはある。それらがすべて行政代執行によって強制撤去されたのは、二〇〇三年のことである。

猥雑さの影をひそめた新世界

天王寺公園から新世界に向かうには、西に向かって坂を下りていく。天王寺動物園を過ぎて、阪神高速の高架下を越えた一帯が新世界だ。先に紹介したように、第五回内国勧業博覧会跡地の東側が天王寺公園となり、西側は民間に払い下げられ、一九一二年に「ルナパーク」という遊園地が開業する。

そのシンボルとなったのが通天閣であり、新世界という名称は「大阪の新名所」という触れ込みで遊園地を含む一帯につけられたものである。なお、現在の通天閣は二代目で、初代は戦時中に火災で損壊し、国への鉄材供出のために解体・撤去されている。再建されたのは一九五六年のことだ。

ところで大阪市の南部について、「ディープサウス」と呼ぶ人がいる。二〇〇〇年頃から地理学者によって表現された言葉とされ、社会学者の酒井隆史氏も著書の『通天閣　新・日本資

南区恵美須町（現・浪速区恵美須東）に誕生した新世界。アーチのある通りが現在の通天閣本通。右側のモダンな建物は阪堺電気軌道の本社社屋（『大阪府写真帖』国立国会図書館デジタルコレクション）

初代通天閣とルナパーク。ルナパークは1923年に閉鎖となった（『近畿大観』国立国会図書館デジタルコレクション）

本主義発達史』（青土社）でこの言葉を用いている。『通天閣』という書名からもわかるように、ディープサウスとは、新世界や隣接する釜ヶ崎、飛田などを指す用語としている。釜ヶ崎、飛田についてはのちほど記述するが、確かにこれらの界隈は、異称が与えられるほど大阪市内でも特異な地域といえる。

現在の新世界は大阪観光の目玉スポットとなり、外国人観光客や女性同士、若い世代の姿であふれているが、かつては大阪でも一、二を争う危険な町でもあった。昼間からベロベロの酔っ払いや道端で寝ている人も多く、ケンカは日常茶飯事だった。

ごみごみとした狭い道筋の両側にすし、うどん、串カツ、マージャン、将棋クラブ、ホルモン焼き、姓名判断の店が並び、「東京の池袋界隈にそっくり」のバラック街が続いている。

これは林芙美子が小説『めし』（新潮文庫版）の中で描写した、新世界の南側に位置するジャンジャン横丁（正式名は「南陽通商店街」）の様子で、作品が『朝日新聞』に連載されていた一九五一年頃は、まだ通天閣は再建されていなかった。なお、「東京の池袋界隈にそっくり」とは、戦後、東京・池袋駅の東西に広がったヤミ市のことだ。

わたしが二十代で初めてジャンジャン横丁を訪れたときは、バラックこそなくなっていたが、猥雑ともいえる雰囲気は残されていた。女将《おかみ》や大将が一人で切り盛りしている立ち飲み屋、通りからのぞける将棋クラブ、古ぼけたのれんのかかる寿司屋などがひしめき合い、いまでは旅行ガイドブックにも掲載され、連日行列ができる有名串カツ店も当時は混雑しておらず、やはり平日の昼間から泥酔状態でクダを巻くオヤジがいたのを覚えている。

通天閣本通から見た通天閣。周辺には新旧の居酒屋、串カツ店などが軒を連ねる

ちなみに、大阪の串カツといえば「ソースの二度漬け禁止」だ。共用の底の深い金属のバットに溜められたウスターソースの中に串カツを漬けるのだが、一度口をつけた串カツを再びバットに入れるのは衛生上

問題がある。それが理由でつくられたルールである。

串カツには必ずざく切りの生キャベツが添えられるか、最初から皿に盛られて出される。ソースが足りないときは、それですくってかけるという方法がある。もちろん、口をつける前のキャベツだ。なお、新型コロナウイルスの感染拡大時には、店によってはバットの代わりにボトルに入ったソースをかけるスタイルに切り替えて対応していた(二〇二三年以降、コロナ禍が沈浄化すると、元のシステムに戻した店も出てきている)。

新世界の南東部に延びるジャンジャン横丁。道幅約2.5メートルの通りだが、林芙美子が描いた「ごみごみとした狭い道筋」の面影は消えつつある

現在のジャンジャン横丁は、多少むかしの面影は残しているものの、いまでは外観や内装もきれいに整えた真新しい店も増えた。天王寺公園も新世界も大きく変貌したのである。

町が安全できれいになるのは、もちろんいいことだ。観光化するのも悪くはない。しかし、かつてこの界隈にたむろしていた人たちは、どこへ姿を消してしまったのだろう。思わず、要らぬ心配をしてしまう。

†「クールジャパン」ならぬ「クールオオサカ」へ

中学時代、ＢＣＬを趣味としていた。「なに、それ？」といわれそうだが、海外の短波放送を受信し、その記録を放送局に送れば「ベリカード」という受信確認証が発行される。図案は各国オリジナルの絵葉書のようなもので、それを集めるのだ。もちろん、外国語はわからないので、日本語放送のみだった。地味といわれれば返す言葉はないが。

同時に熱中したのが、ラジオなどの電子工作。中学生のわたしは、理系の部分もあった。電子部品を買いに行くといえば、大阪では日本橋の「でんでんタウン」。当時は東京の秋葉原と並び称されるほどの電気街だった。しかし、現在は秋葉原同様、サブカルチャー街となりつつあり、堺筋通の西側には、ずばり「オタロード」と呼ばれる通りもある。

なお、一般的な「日本橋」ではなく、あえて「でんでんタウン」という通称を使っているのは、でんでんタウンが日本橋三丁目から五丁目付近に位置するからだ。最寄りの駅は、三丁目なら南海電鉄の難波駅、五丁目なら地下鉄の恵美須町駅である。日本橋という近鉄と地下鉄の駅もあるが、こちらは一丁目であり、道頓堀川にかかる日本橋一丁目の所在地は浪速区ではなく中央区だ。その周辺には電気店もオタク御用達の店もない。そのために、日本橋とでんでん

堺筋通の南側沿いに店舗が並ぶでんでんタウン。サブカル系の店が増えるなか、家電製品を扱う店も少なくない

タウンとを区別している。
また、厳密にいうと、でんでんタウンは日本橋筋商店街、オタロードはなんさん通り商店会と日本橋筋西通商店街で、ほかにも五階百貨店を中心とする日本橋商店会があるため、本稿では便宜上、すべてを含めて「でんでんタウン」とする。

日本橋が発展した背景には、前述した第五回内国勧業博覧会がある。博覧会の開催に当たり、堺筋通沿いの長町（現在の日本橋三丁目から五丁目付近）に形成されていたスラム街を一掃する。日本橋では一八八八年に今宮村（現在の浪速区日本橋周辺）に建てられた展望タワー「眺望閣」の見物客相手に露店が広がっていたが、スラム街の跡地に古着や骨とう品の商店が集まるようになった。古物を扱う関係もあって、昭和初期には古書店街として知られるようになる。買い物客にも学生が増え、それに合わせて当時最先端だったラジオやレコード、蓄音機を扱う店が軒を並べるようになり、戦後の電気街として成長する礎となったのである。

右は五階百貨店の名称のもととなった5階建ての眺望閣。左は五階百貨店の「新五階ビル」で、往時の日本橋電気街の名残を残している（「眺望閣」大阪市立図書館デジタルアーカイブ）

先に記したように、現在のでんでんタウンは電気街としてよりもサブカルの本拠地として知られている。秋葉原と比べて規模は小さいが、アニメショップやゲームショップ、ホビーショップなどが目につき、メイドカフェやコンセプトカフェの店頭ではメイドのコスプレ姿をはじめとする、コスプレイヤーたちがチラシを配っている。もちろん、家電製品やパソコンを扱う店舗も充実していて、インバウンド客も多く、平日でもかなりのにぎわいを見せている。

二〇〇五年より毎年三月には、国内最大級のコスプレイベント「日本橋ストリートフェスタ」が開催され（二〇

1978年9月、日本橋電気街の愛称が「でんでんタウン」に決定したことを伝える新聞広告（出典：『でんきのまち大阪日本橋物語』でんでんタウン協栄会提供）

オタロードでチラシを配るメイド服姿の女性店員。通りには外国人観光客の姿も多く見られる

一一年は東日本大震災のため中止)、全国から一万人以上のコスプレイヤーが参加し、二〇万人以上が来場していた。残念ながら、新型コロナウイルスの影響で二〇二〇年から開催が見送られている(二〇二三年現在)。

でんでんタウンの近辺には、東京・浅草のかっぱ橋道具街のような調理器具を専門に扱う道具屋筋という商店街があり、外国人に大人気の食品サンプルが取りそろえられている。道具屋筋は南海難波駅からのアクセスもよく、千日前の繁華街も近くにある。道頓堀まで歩けない距離ではないし、恵美須町駅は新世界の最寄り駅だ。

つまり、大阪の趣の異なる繁華街が、近辺には集中している。通天閣に登って新世界で串カツを食べ、でんでんタウンから千日前を通って道頓堀に至り、心斎橋へという「ミナミ満喫ツアー」が簡単に実現できそうだ。現在の大阪が観光地化に力を入れているのならば、いっそ、でんでんタウンを中心にした「オタクタウン」として、大阪をアピールする方法を考えた方がいいのかもしれない。「クールジャパン」ならぬ「クールオオサカ」として。

†アメリカ村から遠く離れて

大阪市北区の北新地と銀座、浪速区の新世界と浅草、同じく浪速区の日本橋と秋葉原のように、大阪と東京で比べられる町がいくつかある。しかし規模を比べれば、どれをとっても大阪の完敗だ。では、若者たちが集まる西心斎橋のアメリカ村はどうだろう。原宿とも違うし、渋谷や下北沢でもない。それならば、大阪独自の町といえるのだろうか。

アメリカ村は古着屋や雑貨屋、アパレルショップなどが立ち並び、ほぼ若者向けの店舗で占められているエリアだ。一九九〇年代頃から「心斎橋ＯＰＡ《オーパ》」や「ビッグステップ」といったファッションビルが出店し、エリアの中心にある御津《みつ》公園（通称「三角公園」）も、周囲の雰囲気に合わせるように、一九八四年に改修されている。

アメリカ村界隈は、いわゆる島之内の範囲内でありながら企業や商店の倉庫や駐車場で占められていた。三角公園も舗装されていない普通の公園で、ブランコや滑り台といった子ども用の遊具が置かれていたのを覚えている。そんなアメリカ村に喫茶店や古着屋が並びはじめたのは一九七〇年前後のことだ。

わたしが初めてアメリカ村に足を踏み入れたのは、二十歳の頃。少し遅いデビューで、服が安くて種類が多いということで友人と出かけた。場所は衣料品が集まる「インターナショナルマーケット」。西海岸風の白い板張りが施された集合店舗だった。そこでショートカットの美人のお姉さんに服をすすめられ、予算オーバーだったのに買ってしまったのを覚えている。

その後も、アメリカ村には何度も足を運んだ。「パームス」というビルの地下にあったディスコには行ったことはないが、同じビルの二階にあるバーには入ったことがある。いまはイン

アメリカ村のランドマークである「三角公園」。近くにある「甲賀流」のたこ焼きを、この公園で食べている人が多い

ターナショナルマーケットもパームスも閉じられている。

アメリカ村へは二十代半ばから足が遠のくようになった。家族ができ、飲食店の経営をはじめたということもあるが、かつての面白さが感じられなくなったからだ。

それこそ、七〇年代から八〇年代初頭のアメリカ村は、資金のない人たちが工夫を凝らし、自分たちで町をつくるという気概に満ちた独特の雰囲気を醸していた。一つひとつの店舗は小さなものだったが、それぞれに個性が感じられた。突き抜けるような明るさと楽しさがあり、自身の生活圏内にはいそうにない自由な考えと行動を価値とする大人たちとも巡り合えそうだった。

しかし、三角公園が改装された頃から大

手企業が進出し、アメリカ村ですら〝金儲《もう》けの場〟となってしまった。集客だけを求めた結果なのか、混雑は常態化し、個人ではなく企業経営の店も増えたように思う。そこに〝個性〟というものは見当たらない。もはやアメリカ村に、最初の頃のような雰囲気は感じられなくなった。

これから先、アメリカ村のようなコンセプトのつまった町ができることはあるのだろうか。そんな場所が大阪には残されているのだろうか。もはやノスタルジーすら感じられないアメリカ村を見て、そんなふうに思ってしまうのだった。

†「京橋はええとこだっせ」

東京の京橋といえば銀座に隣接し、味の素や清水建設、ブリヂストンなどの大企業が本社を置くオフィス街である。日本で唯一の国立の映画専門機関である国立映画アーカイブがあり、京橋エドグランという複合施設も立地している。まさにビジネスや文化の花咲くエリアといって過言ではないだろう。

一方、大阪城の北東に位置する京橋は東京の京橋と対極をなす。そして不思議な町でもある。その起源は、太平洋戦争末期からはじまる。

梅田同様、京橋にも大規模なヤミ市が発生している。その理由は、太平洋戦争末期から繰り

太平洋戦争末期の空襲で焦土と化した大阪の市街地。空襲は大小合わせて50回を超え、約1万5000人の犠牲者を出した（1945年 米軍撮影）

返された米軍による空襲だ。京橋の空襲は、一九四五年八月一四日に起きた。終戦の前日である。すでに日本はポツダム宣言の受諾を決め、米国もその情報を把握していたにもかかわらず、だ。米軍が標的としたのは、大阪城の敷地内に置かれていた大阪砲兵工廠《こうしょう》だった。

しかし、爆撃は砲兵工廠にとどまらず、京橋駅にも爆弾が落ち五〇〇人以上が犠牲になった。現在、ＪＲ京橋駅の南口に被災者の慰霊碑が建てられている。

空襲で焼け野原となった駅前にはヤミ市が広がり、やがて盛り場として発展していく。それがいまのＪＲ京橋駅の東側に広がる歓楽街だ。

「この大阪の中の大阪、みんなが焼け野原

から鉄くずを拾ってヤミ市をつくり、あっという間にコンクリートで覆いつくした京橋」「血管に流れる血がビールになるほど飲みながら、彼らはかつてここが戦火に焼かれた灰の街であったことを忘れようとしているのかもしれなかった」

これは二〇二三年度の第一一回「大阪ほんま本大賞」を受賞した高殿円《たかどのまどか》氏の小説『グランドシャトー』（文春文庫）の一節だ。

小説の舞台のモデルとなったであろう「グランドシャトー」こと「京橋グランシャトービル」は、サウナやパチンコ、カラオケが楽しめる総合レジャービルで、かつてはキャバレーや中華飯店もあった。「京橋はええとこだっせ　グランシャトーがおまっせ」は、大阪人のほとんどが耳に馴染みのあるCMソングだ。

このグランシャトーをはじめとするJR環状線の東側は、居酒屋があり、立ち飲み屋があり、そのほかさまざまな飲食店がある。特に京橋らしいといえるのが、ソープランド以外のあらゆる風俗店が存在することだ。大阪では珍しいピンサロもあり、デリヘルに関しては三〇〇軒以上ともいわれている。

そんな大歓楽街があるかと思えば、南側には市街地の大規模再開発の先駆けとなったビジネス街の大阪ビジネスパーク、京阪京橋駅には京阪モールというショッピング街があり、駅の北側にもコムズガーデンというショッピングモールが設けられている。とはいえ、京阪京橋駅の北側は活気に乏しい。ならば、東側は北側に比べて華やいでいるのかといえば、そうとも限らない。一時は「キタとミナミ、そしてヒガシ」としてアピールされていたようだが、最近はとんと耳に入らない。

飲食店が密集しているのは、京阪本線とJR環状線、国道1号線にはさまれたエリアだ。アーケードに覆われた京阪京橋商店街や京橋駅前商店街などで構成され、1号線を越えた辺りには新京橋商店街と京橋中央商店街がある。しかしながら、お世辞にもオシャレとはいいがたく、近年は梅田の西にある福島や東隣の天満が飲食スポットとしてもてはやされている。

JR 環状線の高架沿いに建つ京橋グランシャトービル。西洋の城をイメージしたビルの上部は、JR 京橋駅ホームからよく見える

京橋はいわゆる〝通好み〟の町だ。知り合いの女性ライターが「いまの大阪で一番面白いのは京橋！」と断言していたが、一般的な女性の意見と受け取らないほうがいいだろう。女性が敬遠しがちな町であり、好きな人にはかなり魅力的ではあるが、そうでない人は見向きもしない。猥雑であり、排他的な雰囲気もある。

JR 京橋駅の北口を出てすぐにある京阪京橋商店街の入り口付近。京阪本線のガード下に店舗が並ぶ

ただし、これらの言葉は、けっして京橋を貶《おとし》めるものではない。京橋の東側エリアは、そんなところが最大の魅力なのだ。

デートには適さないだろう。十代の若者が気軽に足を踏み入れるにはハードルが高そうだ。だからこそ、京橋へ足を向ける〝通人《つうじん》〟が多くいる。

京橋は彼らにとって、ある意味で「アジール」なのだ。その空間を失いたくないし、奪われたくもない。京橋は京橋らしさを保ち続けてほしい。そう強く願っているはずだ。京橋に住んでいるわけでも、通勤で通っているわけでもないのに、わざわざ駅を降りて通う人もいると聞く。そんなドラッグのような中毒性が、京橋には漂っているのである。

†コリアタウンで考えること

特に用がないのであれば、夕方の空腹時に近鉄やJRの鶴橋駅のホームには降りないほうがいい。どこからともなく香ばしい焼き肉のにおいが漂ってきて、余計に食欲が増すからだ。風向きなどによっては、電車のドアが開いた途端に侵入してくることもある。

鶴橋の焼肉店は、鶴橋駅北西側にびっしりと並んでいる。どの店を選んでいいものか迷うほどの充実ぶりだ。なお、焼き肉のメニューである「ホルモン」だが、「放《ほう》るもん」(大阪弁で「捨てる」)から名前がついたとする説がある。これまで捨てていた内臓肉を利用したとされているのだが、これは俗説でしかない。「滋養強壮に効果がある」というところから、内分泌の「ホルモン」と結びつけたなどの説があり、すっぽん料理もホルモン料理と呼ばれていたことがあるという。

焼肉以外でも、鶴橋といえばキムチだ。さまざまな食材を利用したキムチが、市場の店頭で売られている。東京などでキムチが一般的になったのは、激辛ブームの起きた一九八〇年代頃からだとされるが、大阪ではもっと前から食卓に上っていた。

鶴橋は在日コリアンの多い町で、日本の植民地時代や戦後に職を求めて朝鮮半島や済州《チェジュ》島から多くの人が移住してきた。なかには戦後の祖国の混乱で帰国できないまま暮らすことになった人もいる。

そんな関西屈指のコリアタウンを代表するのが、鶴橋駅前にある戦後のヤミ市を起源とする商店街だ。近鉄鶴橋駅の西口側が鶴橋商店街、東口周辺が鶴橋本通商店街で、どちらもアーケードに覆われていて、昼でも薄暗い。しかも迷路のように入り組んだ独特の雰囲気を醸し出している。各商店街にはキムチなどの食料品だけでなく雑貨や衣料品など、大小さまざまな業種の店が居並び、店員のエネルギーに気圧されるほど活気があふれている。

また、鶴橋で注目を浴びているのが、鶴橋駅から南東に向かって徒歩で一五分ほど離れた大阪コリアタウン（生野コリアタウン）だ。東西五〇〇メートルほどの商店街には従来の韓国雑貨や韓国料理のみならず、韓流コスメやK-POP関連の店舗が並び、平日休日を問わずかなりのにぎわいである。

現在のように鶴橋という町がポピュラーになったのは、二〇〇三年にNHK-BS2で放送された『冬のソナタ』以降の韓流ブームからかもしれない。それまでは在日コリアンへの差別が横行し、わたしの親世代は避けていたような雰囲気があった。「怖い場所」というすり込みすら存在した。

「大阪民国」という下卑《げび》た言葉が、一時ネットで流布していたように、大阪には在日コリアンが多い。立ち飲み屋などでとなりの人と意気投合し、話をしているうちに在日であることがわ

終戦直後の物不足のなかで、「鶴橋に行けばなんでもそろう」（鶴橋商店街ホームページ）といわれた昭和20年代の鶴橋商店街の様子（鶴橋商店街振興組合所蔵）

地元の買い物客に加え、観光客の姿も目立つ鶴橋商店街

在日コリアン向けの商店街だったが、いまでは韓流グッズを求める人でにぎわう大阪コリアタウン

かる場合もある。だから、日本人であるとか韓国人であるとか、そんなことをいちいち気にしていては大阪では暮らせない。暮らせないはずなのに、大阪人の中には、いまだに差別意識を持っている人がいる。

大勢の在日コリアンが住んでいるのだから、経済や文化をはじめ、いまの大阪を形づくった一翼を担ってきたのは確かだ。焼肉に舌鼓を打ち、熱々のご飯にキムチを乗せて食べていながら、コリア文化を否定するのは矛盾してはいないか。古代からさまざまな人が海を渡って訪ねてきた大阪には、寛容の精神が根づいているはずだ。

在日コリアンは日本国籍を持っていない。しかし、れっきとした大阪人である。所得税も住民税も払っている。大阪に住めば、韓国籍・朝鮮籍であろうが、さらには中国籍であろうがインドネシア国籍であろうがベトナム出身であろうが、大阪人である。それが常識としてあるべきだと考える。

二〇二三年八月四日に放送されたNHKの『ドキュメント72時間』という番組で、生野のコリアタウンが紹介されていた。その中で三人の男の子が、一人は日本人、もう一人は韓国人、あとの一人は両親が韓国人と日本人だと自己紹介していた。ふつうの仲の良い友達同士だ。この関係がいつまでも、大人になっても続いていてほしいと思う。そして大阪は日本の中でも特に、そんな関係が維持できる場所だと信じたい。

†釜ヶ崎にとって「クリーンで安全な町」とはなにか

いまの仕事をはじめるまでいろんな職を転々としてきたが、いまから三〇年前、一九九三年頃に就いていたのが厨房機器設置業だ。これは冷蔵庫や食器洗浄機、製氷機などを店舗の中に運んで取りつける仕事で、水道の設備工事が必要であればそれもこなした。その会社でいちばん受注が多かったのが厨房機器メーカーの大阪南営業所で、担当エリアは浪速区と西成区が中心だった。わたしは、そのときに初めて釜ヶ崎に足を踏み入れた。

釜ヶ崎とは西成区にある地区の一つだ。町名でいえば萩ノ茶屋一丁目から三丁目と太子一丁目と二丁目の西端に当たる。ドヤ（簡易宿泊施設）や寄せ場（就労斡旋所）のある、いわゆる労働者の町だ。

「あいりん地区」とも呼ばれるが、これは行政と報道機関によって取り決めた名称であり、古

1960年代末頃、冬季早朝の釜ヶ崎。新今宮駅高架下における「青空労働市場」の様子（撮影：上畑恵宣　大阪公立大学 都市科学・防災研究センター提供）

くから住む人の中には「あいりん」と呼ばれることを嫌う人がいて、わたしもそれに従いたい。また、この地区を単に「西成」という人がいるが、西成は区の名称であり、ほかにも区内には岸里《きしのさと》や玉出、津守、天下茶屋などの町がある。いずれも下町には違いないが、釜ヶ崎とは異なる。このことからも、釜ヶ崎と西成も区別したい。

それはともかく、初めて訪ねた釜ヶ崎は衝撃の連続だった。まず、においが違う。真夏ということもあったのだろう、汗と脂《あぶら》の混じった酸っぱいようなにおいが辺りに充満していた。ビールやジュースがなく、カップ酒専用の自動販売機が設置されている。しかも、釜ヶ崎の朝は早い。一杯飲み屋は早朝から開けて昼間に休憩を入れ、夕方から再開というパターンがほとんどだ。仕事にあぶれた労働者が雇用保険法に基づく「日雇労働求職者給付金」（あぶれ手当）を受け取り、それで一杯ひっかけに来るというのだ。

わたしの仕事は軽四輪のトラックで出かけるのだが、会社の社長に注意されたのは、必ず荷台にシートをかぶせておく、ということだ。でないと、荷台に積んでおいた機材が盗まれるからだ。さすがに釜ヶ崎の窃盗常習犯も、シートを外してまでは盗まないらしい。

黒岩重吾は一九六一年に刊行した『飛田ホテル』で次のように書いている。

たとえば、近くの釜ヶ崎界隈に車を停めたとする。運転手が車を置いたまま一寸用でもたすと、彼等は車の周りに集り、運転手が戻ってくるのを待つ。戻って来た運転手は、自分の車の周りに集り、「車を拾った、車を拾った」と喚いている男たちを見る筈であった。

運転手は彼らにいくらかの「拾い賃」を渡して、その場を去ってもらうという。ここまではひどくなかったが、ありえそうな気がするのも釜ヶ崎ならではだ。

そんな「清濁混在」どころか、まさに「濁濁だらけ」といった釜ヶ崎も、近年は様相が変わりつつある。日雇い仕事の減少にともなって現役世代は激減し、現在の住民には身寄りのない高齢者が少なくない。さらに、宿泊料が安いということで、ドヤを利用する外国人バックパッ

釜ヶ崎エリアの南部にある萩之茶屋南公園（通称「三角公園」）。路上生活者に向けた炊き出しも行われる

カーに向けて、宿泊施設を改装した見栄えのいいホテルやゲストハウスが増加している。そんな折、物議を醸したのが星野リゾートによるホテルの開業だった。

ＪＲ新今宮駅の北側には、長く更地が広がっていた。それに目をつけた星野リゾートは、「ＯＭＯ７大阪ホテルｂｙ星野リゾート」という高級観光ホテルを建設し、二〇二二年四月二二日に開業。敷地内には広大な芝生の広場もあり、観光客に界隈を案内するガイドも常駐しているという。この洗練されたホテルの誕生によって、釜ヶ崎は「クリーンで安全な町」に変貌するかと思われた。

ただ、これまで記してきたとおり、釜ヶ崎は大阪のみならず日本でも独特の場所だ。そして、この場所でないと生きていけない人が多くいる。路上で暮らす人もいれば、そんな人々を支えるボランティアの人もいる。さまざまな事情を抱えた同じような境遇の人たちが寄り添っているからこそ、住みやすい場所であり、生きやすい場所であった。環境が変われば、暮らしにく

1970年に竣工したあいりん労働福祉センター。約50年にわたって労働者の就労と生活の拠り所となった

く思う人も多いだろう。

OMO7大阪ホテルが開業する三年前の二〇一九年三月には、老朽化にともなう建て替えを理由に、労働者の支援施設「あいりん労働福祉センター」が閉鎖された。

閉鎖を拒む日雇い労働者や路上生活者もいたが、大阪府は同センターに代わる新たな支援施設の建設をすでにはじめ、二〇二五年からの使用開始を計画しているが、建設は遅れている。

確かに釜ヶ崎は、けっしてきれいな場所ではない。誤解を恐れずにいえば、「汚い町」といい切っていい。しかし、そこには剝き出しになった人間の〝生〟がある。どんな境遇に陥っても「生きていく」という強い意思だ。きれいなだけが住みやすい町ではないはずだ。そんな場所があることを、大阪人の矜持《きょうじ》として持っていたいという気持ちもある。

†「リトル沖縄」をめぐる現在地

千葉県は「島」だとの説がある。その理由は、利根川と江戸川で分断されているからだ。同じように海と川でへだてられているのが、木津川と尻無川にはさまれた大阪市の大正区だ。

大阪市内には、一九三五年の時点で三一カ所もの渡船場が設けられていたが、太平洋戦争の戦禍でその多くが失われた。一九四八年に一五カ所で再開されるが、自動車の普及もあって利用者は年々減少し、現在は八カ所となっている。

そのうちの七カ所が大正区に位置し、いまも区民の通勤通学など、日常の移動手段として利用されている。しかも、同じ交通機関でありながらバスや地下鉄とは違い、渡船は「道路法」によって道路として扱われているため、乗船料は無料となっている。

大正区は「リトル沖縄」と呼ばれており、その名の通り、沖縄からの移住者が多く、大正区民の四人に一人が沖縄にルーツを持つといわれている。

沖縄からの移住者が多いのは、第一次世界大戦後の戦後恐慌によって砂糖の価格が暴落し、地元を離れる人が多かったからだ。当時の大阪は第三章でも述べた「東洋のマンチェスター」

時代で、大阪紡績会社を皮切りに工場が大正区に次々と設立された。そこで大阪に職を求め、大勢が移り住んできたわけだ。

実際、ＪＲと地下鉄の大正駅周辺には沖縄料理の店が多い。店によっては、三線《さんしん》の伴奏で沖縄舞踊を見せてくれるところもある。区役所のそばには、大阪府各地域の沖縄県人会を統轄す

エンジン付きの木船を利用していた時代の渡船の様子（出典：大阪市大正区役所ホームページ）

現在の渡船場。写真は大正区南恩加島１丁目と西成区南津守２丁目を結ぶ千本松渡船場

る大阪沖縄県人会連合会の大阪沖縄会館があり、沖縄民謡の稽古場としても利用されている。さらにコンビニチェーン店ながら、独自に沖縄の物産を取りそろえた店まである。

なかでも特に沖縄色が色濃いとされるのが平尾地区だ。平尾本通商店街（サンクス平尾）には、あちこちにシーサーや守礼門が描かれたのぼりや垂れ幕などが掲げられ、店のシャッターにもシーサーのキャラクターが描かれている。ただ、生野区のコリアタウンのようなにぎわいを期待しても裏切られる形となるだろう。

ＪＲや地下鉄の駅から遠いことと関係しているのか、いまの商店街はシャッター通りと化していて、皮肉なことにシーサーのイラストばかりが目立つ。沖縄の特産品を扱う商店は数店舗しかなく、メディアで紹介されたことのある沖縄食堂も閉店している。毎年八月の最終日曜日には、「ＲＩＶＥＲ大正エイサーまつり」というイベントが行われているらしいが、普段の平尾で沖縄が満喫できる場所は少ないとしかいいようがない。

沖縄タウンとしての町おこしを考えるのであれば、大手広告代理店などに外部委託するのも方法の一つかもしれない。ただ、わたし自身、取材を通してそれらの町を見てきたが、結局はどの場所も同じような景色に塗り替えられるだけだ。住民が本気で考えるのであれば、自分たちではじめるしかない。現状でいいというのであれば、それもありだろう。外部の者がとやかくいう問題ではない。

とはいえ、大正区はおもしろいエリアである。もともとが労働者の町なので、駅前には気取らない飲食店が多い。沖縄色にこだわらなくても、先に紹介した渡船があるし、千本松大橋という木津川に架かるループ橋もある。

千本松大橋は木津川を運航する船舶の邪魔にならないように、橋げたの高さが水面から三三メートルという巨大な橋だ。ループを経由して頂上まで上り、そこから木津川を渡って西成区に入る。車だけでなく徒歩でも通行が可能だ。千本松渡船場は、一九七三年にこの橋ができたことで廃止になるはずだったが、「徒歩や自転車では、橋の上り下りが大変」ということで、存続が決まったという。

沖縄は日本の中で、なにかにつけて注目を集める場所だ。それは観光地としてだけでなく、米軍基地の問題としてもだ。しかし、「リトル沖縄」を有していながら、大阪人が沖縄の現状を知り、考える場所はない。あるのかもしれないが、少なくともわたしの耳には届いてこない。セミナーなどではなく、

平尾本通商店街の店舗シャッターに描かれたシーサーのイラスト

常設の施設として沖縄の歴史と現在をきちんと知って、きちんと考える、そんな場所が大阪にあってもいいと思う。

†大阪に現存する五大色街

東京出身の知人にいわせると、大阪人はケチでがめつくて乱暴で、そのうえスケベなのだそうだ。そんな散々なことをいう彼が驚いたのが、大阪にはソープランドが一軒もない、ということだった。関西では兵庫県と滋賀県、和歌山県にソープランドがある。かつては大阪にも存在したのだが、一九九〇年に「国際花と緑の博覧会」が開かれるときに徹底的な取り締まりを受けて消滅した。

その代わりというわけではないが、大阪にはかつて遊郭や赤線だった場所で、現在も「ちょんの間」営業を続ける「新地」と呼ばれる場所が五つも存在する。

もっとも有名なのが西成区山王にある飛田新地である。約一六〇店舗が営業し、国内最大規模だといわれている。

「メイン通り」や「青春通り」などと名づけられた通り沿いに、間口の狭い店舗がずらりと並び、ピンクや紫などのきらびやかな照明が灯《とも》された玄関口に、顔見世の女性が座っている。彼女たちは和服姿やギャルファッション、季節によってはビキニ姿で通りを飾り、寂れた様子は

大正期の飛田遊郭を撮影した絵はがき

大正・昭和期の遊郭の意匠をいまに伝える鯛よし百番の建物

まったくうかがえず、猥雑さも感じられない。それよりも、遊郭・赤線時代の名残がある建物に往時の面影を感じることができる場所である。

遊郭建築といえば、飛田の中心部から少し外れたところにある「鯛よし百番」だ。現在は料亭として営業しているが、二〇〇〇年には国の登録有形文化財となった。

この建物を見るために訪れる〝遊郭ファン〟の女性グループやカップルもいるようだが、新地内まで足を踏み入れるのはまれだ。店の女性にしても、同性や冷やかしの男性の目にさらされるのは迷惑だろう。なお、鯛よし百番の近くには公園があるが、わたしが店に出向いたとき、子どもたちが遊んでいる姿が印象的だった。

飛田に次いで規模が大きいとされるのが、西区の九条と本田《ほんでん》に広がる松島新地だ。店舗数は約九〇軒。もともとは現在の西区千代崎にあり、当時は規模において日本有数の遊郭と知られていたが、戦時中の空襲で全焼したため、戦後は現在の場所に移転して赤線となった。

新地の通りは幅が広く、店が一角に集中しているという印象はない。客引き役の女性はいるものの、顔見世システムも存在しないので飛田のような派手さもない。どちらかというと落ち着いた雰囲気で、冷やかしで訪れる外国人や若者の姿も少なかった。

さらに飛田との大きな違いは、その場所が住民の生活圏に隣接しているという点だ。新地エリアのすぐ近くにはアーケード通りの商店街があり、地下鉄と阪神電鉄の九条駅にも近い。東

戦前の松島遊郭。1930年に刊行された『全国遊廓案内』には、貸座敷260軒に約3700人の娼妓がいたと書かれている（大阪市立図書館デジタルアーカイブ）

側の入り口は国道に面していて、京セラドーム大阪にもほど近く、エリア内にはマンションや住宅、会社の事務所なども建っている。

大阪市内にある、もう一つの新地が生野区新今里の今里新地。近鉄の今里駅から生活感漂う商店街を抜け、飲食店が並ぶ繁華街の中に店がある。店舗数は一〇軒ほど。先に紹介した鶴橋に近いという場所柄もあってか、界隈には焼肉店が多く、その中に混じって各店が立地していた。

こちらも顔見世はないが、声を掛けられるのは飛田、松島と同じ。飲食を楽しむ店の間に、女性と遊べる店もあるといった雰囲気である。

松島新地の昼間の様子。地下鉄九条駅から徒歩で３分程度の位置にある

残りの二つの新地は大阪市外にあり、一つは和泉市の信太《しのだ》山《やま》新地である。ＪＲ阪和線信太山駅の近くで、周囲にはマンションや団地、工場などが立ち並ぶ市街地だ。ここも顔見世はないので、女性の姿を見ることはできない。店舗数は約四〇軒というが、路地の中に店が集中しているので、思っていたよりも規模が大きく感じられる。利用客は地元の人が多いという〝地元密着型〟の新地といえそうだ。

最後は滝井新地。場所は守口市の京阪本線滝井駅近くだが、ちょっと風変わりともいえるロケーションだ。駅から新地までは新築らしい住宅が立ち並び、マンションもある。完全な住宅地である。

そんな家並みの中を歩き、路地を曲がったところに突然、新地の店が姿を見せる。店舗数は一〇軒にも満たない。車一台が通れそうな道をはさんで、軒を連ねている。

滝井新地に関しては、「規模も小さく、女の子も熟女系が多い」との情報がネットに掲載されていた。そのため、頭の中では時代に取り残されて寂れた一角を想像する。だが、それは箇単に覆される。

規模が小さいのは確かだが、ちらっと見た限りでは、かなり若い女性が玄関口に座っている。滝井には飛田のような顔見世制度があるのだ。さらに呼び込みの女性も若い。ほかの新地のように、「おばちゃんが声をかけてきて、女の子とプレイする」というような形ではない。一人ひとりの事情は推察するしかないが、同世代の女性たちが「和気あいあい」としている雰囲気が感じられた。

それぞれがそれぞれに特徴の異なる五大新地だが、飛田を除くと生活空間の中に存在するといっても過言ではない。新地のエリアを離れると、子どもたちが遊び、買い物客がいて、家族が住んでいる。そこには〝日常〟が横たわっている。しかし、新地での遊びは〝非日常〟だ。そのギャップが、わたしの心を小さく揺らす。

松島新地から一〇キロ程度離れた兵庫県尼崎市には、かんなみ新地というところがあったが、二〇二一年に全店が廃業している。その原因の一つに、地域住民の撲滅要請があったという。大阪の新地は住民も受け入れているのだろうか。そもそも大阪には、なぜ五カ所もの新地が残されているのだろうか。残されているのには必ず理由があるはずだ。

釜ヶ崎や新世界でも述べたが、町がきれいになるのはいいことかもしれない。しかし、切れば血の流れる生身の人間の欲望を、真正面から受け止める場所も必要なはずだ。新地が存続しているわけは、そんなところだろうと考えるのだ。

†「梅田ダンジョン」を調査する

「迷い込むと、生きて出てこられない」「地下街の中に、忘れ去られた空間がある」――梅田の地下街にはそんな都市伝説があるという。

かなり大げさな表現だが、複数の地下街と連絡通路が交錯する様は確かに迷路のようで、そんなうわさが立ってもおかしくないような気はする。そこから名づけられたのが「梅田ダンジョン」。ダンジョンとは地下牢や地下迷宮のことを指す。わたしもたびたび梅田には出かけるが、同じところをぐるぐる回っていたり、なかなか目的地にたどり着けなかったりと、いまだに迷ってしまうことがある。このように梅田の地下街がややこしいのは、複雑に交差する地上の道路に合わせてつくられているからである。

大阪駅が開設されたとき、市街地に対して斜めに建てられた。これは、京都から来て神戸に至る斜めの鉄道路線に合わせたものだ。この〝斜め〟の大阪駅に対して道路が放射線状に整備された、と書けば聞こえはいいが、実際は各地区からの最短距離を確保するために、大阪駅に向かってあらゆる方向から道路が建設されたため、地上の道はややこしいものになったのだ。

高度経済成長期に突入すると、急速にモータリゼーションが発達する。輸送や移動の手段として自動車が激増し、大阪市内の交通マヒは頻繁となり、それまで市民の足だった市電が立ち往生する事態を招いた。そのため市電は敬遠されることになり、赤字経営もあって一九六九年に全線が廃止となる。また、戦後の地下鉄の路線拡大による乗降客の急増も地上の混雑に拍車をかけていた。

市電と自動車でごった返し、交通マヒとなった北区堂島付近の様子（出典：『大阪地下街三十年史』大阪地下街株式会社提供）

すでに戦前に三越や阪急などの百貨店では、地下階と地下鉄の駅を結ぶ連絡通路をつくり、売り場も設けていた。だが、戦後になって地上における交通混雑の緩和と、歩行者の安全確保のために地下道へ誘導することが、本格的な地下街を建設するきっかけとなったのである。

五〇年代から六〇年代にかけて、難波や梅田、天王寺といった主要ターミナル駅では商業ゾーンとしての地下街が次々に完成していった。

全国に先駆けて本格的な地下街として誕生した開業当初のナンバ地下センター（大阪地下街株式会社提供）

最初に完成した地下街は一九五七年の「ナンバ地下センター」（現・NAMBAなんなん）だった。梅田を中心とするキタでは、一九六三年に「ウメダ地下センター」（現・ホワイティうめだ）、その三年後に「ドージマ地下センター」（通称「ドーチカ」）が開業する。一九六八年には地下鉄天王寺駅に直結した「アベノ橋地下センター」（現・あべちか）、その二年後には「ミナミ地下センター虹のまち」（現・なんばウォーク）がオープンしている。

しかし、梅田の地下街や地下通路は、きちんとしたグランドデザインに即したものではなかった。つまり、将来を見越してつくられたわけではなく、あとから新しいビルができるたびに地下の入り口をつないでいったため、段差や傾斜もあり、場所によっては天井が二メートル弱しかないという複雑な構造となってしまった。

わたしも、これまでに何度も梅田の地下街は歩いてきたが、すべて目的地があった。目指す場所に到着しさえすれば、多少迷っても問題はない。したがって全体を把握する必要はなかっ

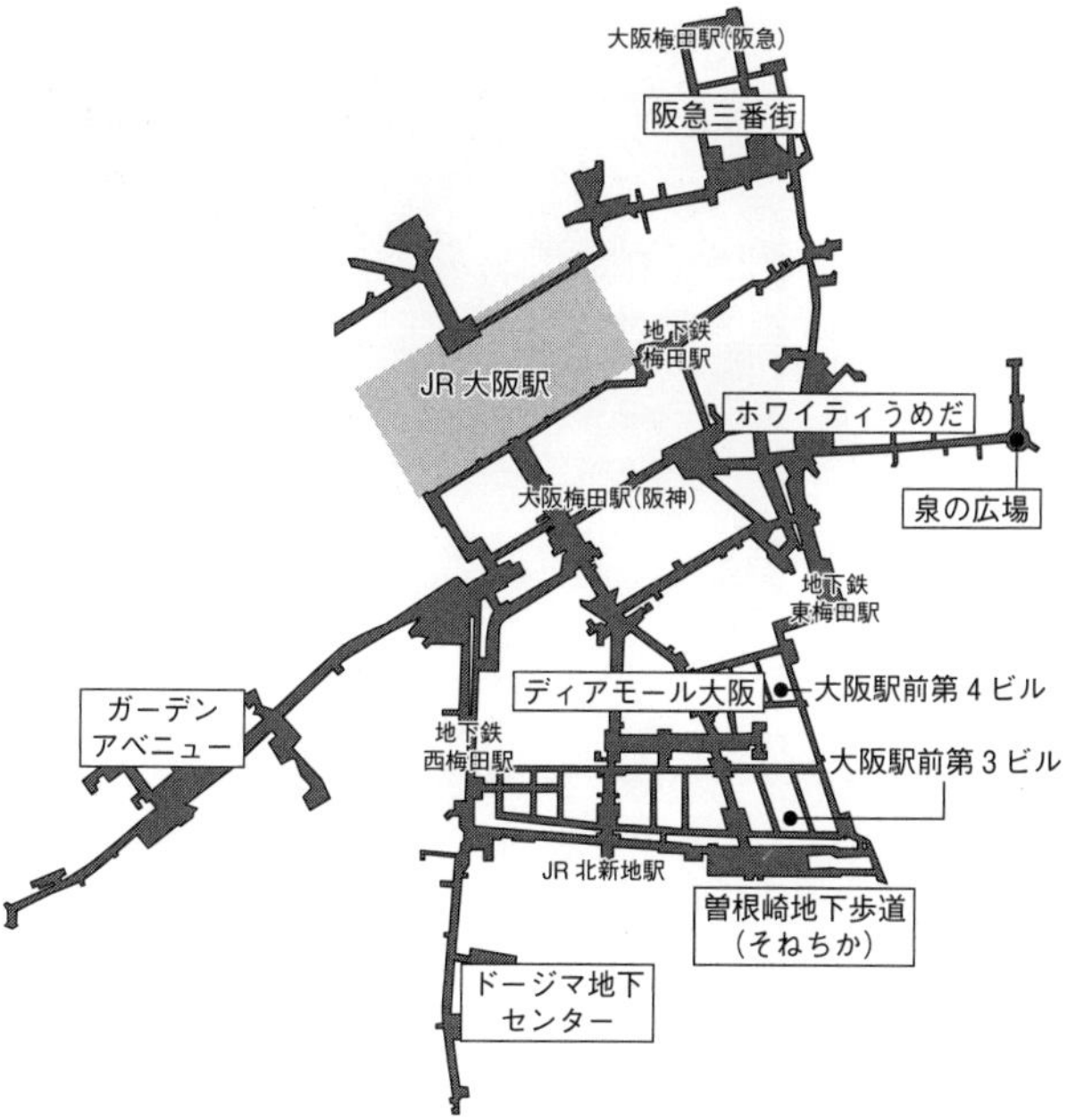

大阪駅周辺の地下街概略図

2019年にグルメ街にリニューアルされた泉の広場

た。

ならば、すべてを踏破すれば「迷宮」といわれる謎や、その魅力の一端を解明できるのではないか。それこそ人の思考をエアポケットに陥らせる地下通路があるかもしれない。そう考えて確かめてみた。

スタート地点は、ホワイティうめだの通路の一つ「イーストモール扇町」の先にある「泉の広場」。かつては「泉」という名にふさわしい噴水が設置されていたが、いまは撤去されている。ここから「左折できるところは必ず左折」というルールをつくって歩き出す。

泉の広場を離れ、左折、左折を繰り返していくと、ホワイティを離れて東梅田駅へ。突き当たりの改札前でUターンし、左に折れて短い階段とエスカレーターを上り、少し歩いて階段を降りると大阪駅前第4ビルに到着する。第4ビルの中を通り抜けて大阪駅前第3ビルに入り、直進したのちに通路に従って右折してビルを抜け、一九九五年に開業した地下街の「ディアモール大阪」（大阪駅前ダイヤモンド地下街）を左折。すると、これまでのにぎわいから一変したほとんど人気《ひとけ》のない地下道に出る。

ここは「曽根崎地下歩道」（通称「そねちか」）と名づけられた地下道で、空間の突き当たりには理解不能なオブジェらしきものが飾られている。さらには「大阪駅前地下交通ネットワーク」と冠されたアクリル製のジオラマも展示されていて、それによると、「地下空間を最大限に利活用して一連の都市機能を集約し、近未来の地下都市構想を実現」する計画らしい。これを「曽根崎ジオ・フロント計画」というそうだ。

ディアモール大阪の円形広場。地下街はJR大阪駅や大阪駅前ビルなどとつながっている

そねちかを離れJR北新地駅を通り、突き当たって左に延びるのがドージマ地下センターだ。駅や百貨店の利用者で常時混雑しているホワイティに比べて人の数は少なく、しかも落ち着いた雰囲気の店が多い。「昔ながらの地下街」といった印象を受けた。

ドーチカを直進すると行き止まりとなり、折り返して北上する。西梅田駅を過ぎれば、オオサカガーデンシティに林立する「ヒルトン大阪」「ザ・リッツ・カールトン大阪」といった高級ホテルや「ヒルトンプラザＷＥＳＴ」「ハービスＯＳＡＫＡ」などの複合ビルをつなげる地下道の「ガーデンアベニュー」に行き当たる。とりあえず西端の行き止まりまで歩き、地図で位置を確認すると、環状線の福島駅が近いらしい。つまり、福島駅から梅田駅や大阪駅まで、雨に濡れずに行き帰りできるのだ。これはちょっとした驚きである。

ディアモール大阪の南東端に位置する曽根崎地下歩道のイベントゾーン

地下鉄西梅田駅南側にあるドージマ地下センターの入り口

Uターンして東に進み、大丸梅田店や阪神電鉄大阪梅田駅、地下鉄梅田駅、阪急うめだ本店を経由してホワイティうめだに戻る。そこから北上するために「プチシャン」という通りに入り、阪急三番街を経てホワイティうめだの「ノースモール」に到着。ノースモールには1と2があり、どちらも飲食店が軒を連ねているのが特徴だ。

串カツやお好み焼きの名店がそろうノースモール1のグルメ街

そして再びイーストモール扇町に戻り、泉の広場に到着。所要時間は二時間弱、歩数にして一万四〇五歩。あちこちうろうろしていたので、スムーズに歩けば、もっと短縮できたであろう。

結果からいえば、曽根崎地下歩道という風変わりな空間はあったものの、当然ながらエアポケットに陥るような場所はない。地下街の壁には界隈の地図もあるし、迷うことはあるだろうが自分のいる場所の位置関係はわかる。慣れた人なら二、三回、方向音痴気味のわたしでも四、五回も歩けば全体が把握できそうな気がする。結論をいえば、梅田の地下街は「ダンジョン」というほど大げさなものではなかった。

面白いのは、地下街に気軽に楽しめそうな大衆酒場や居酒屋が軒を連ねる場所があることを、改めて確認できたことだ。

かつては戦後のヤミ市時代の飲み屋横丁や屋台がそのまま地下に移ったようなエリアが存在していた。阪神百貨店のそばには「阪神百貨店　ふるさと名産」という各地の名産品を置いた店が並び、行ってもいない各地の土産物を買えることから「アリバイ横丁」と呼ばれていたが、大阪市から立ち退きを求められ、二〇一四年三月二九日までに全店舗が閉店。いまは、その面影すらない。

大阪駅北側の再開発で、梅田の繁華街エリアは、ますます広がっていく。そのとき、地下道も延伸され、新しくできる地下街には洒落た店が出されるのだろう。そのとき、おじさん御用達のような居酒屋はどうなるのか。憩いの場として、長く残されることを願うばかりだ。

第六章

未来都市・大阪

†大阪をフルモデルチェンジ

二〇二三年現在、大阪市内では「うめきた」（大阪駅北地区）をはじめ、近鉄の大阪上本町駅周辺や地下鉄淀屋橋駅付近など、大規模な再開発プロジェクトが着々と進められている。梅田ではすでに大阪駅前を中心に高層ビル群が建ち並び、御堂筋などにもタワーマンションが次々と建設されている。

大阪ではこの先、高さ六〇メートル以上の高層ビルが七〇棟以上も建設される予定だという。御堂筋沿いでは、以前は建物の高さの制限が六〇メートル以下となっていたが、条件つきで一四〇メートルまで建設可能とする地区計画が二〇一三年に決定された。制限緩和後の第一号となったのが、中央区平野町の「オービック御堂筋ビル」（約一一六メートル）である。

また、大阪では二〇二五年に大阪・関西万博を開催予定。その五年後には、統合型リゾート（IR）の開業を目指している。このような開発の勢いから、「大阪はフルモデルチェンジする勢いがある」といわれているのを耳にする。

コロナ禍で一時は下降していた商業地の公示地価も、国土交通省による二〇二三年三月の発表によれば、平均変動率は二・五パーセントで三年ぶりに上昇。不動産価格が東京よりも安い大阪は、同じ投資額でも多くの物件が持てるため、不動産投資家から注目を集めているという。その方がリスクヘッジになるからだ。

将来的に〝大きな希望〟が持てそうな大阪の開発事情だが、過去には目も当てられないほどの失敗を繰り返している。バブル経済に翻弄され、もしくはバブル崩壊後の見通しもないまま再開発を推し進めた果てに、頓挫《とんざ》・停滞し、無残な結果に終わった例は数多い。

過去を知ろうとしなければ、未来を考えることはできない。本書の最後に、「未来都市・大阪」の姿を探るために、「負の遺産」となった過去の再開発事業とその現況、そして現在進行中の再開発エリアを歩いてみたい。

†よみがえる「りんくうタウン」

大阪の開発・再開発でわたしにとって身近だったのは、一九八七年からはじまった関西国際

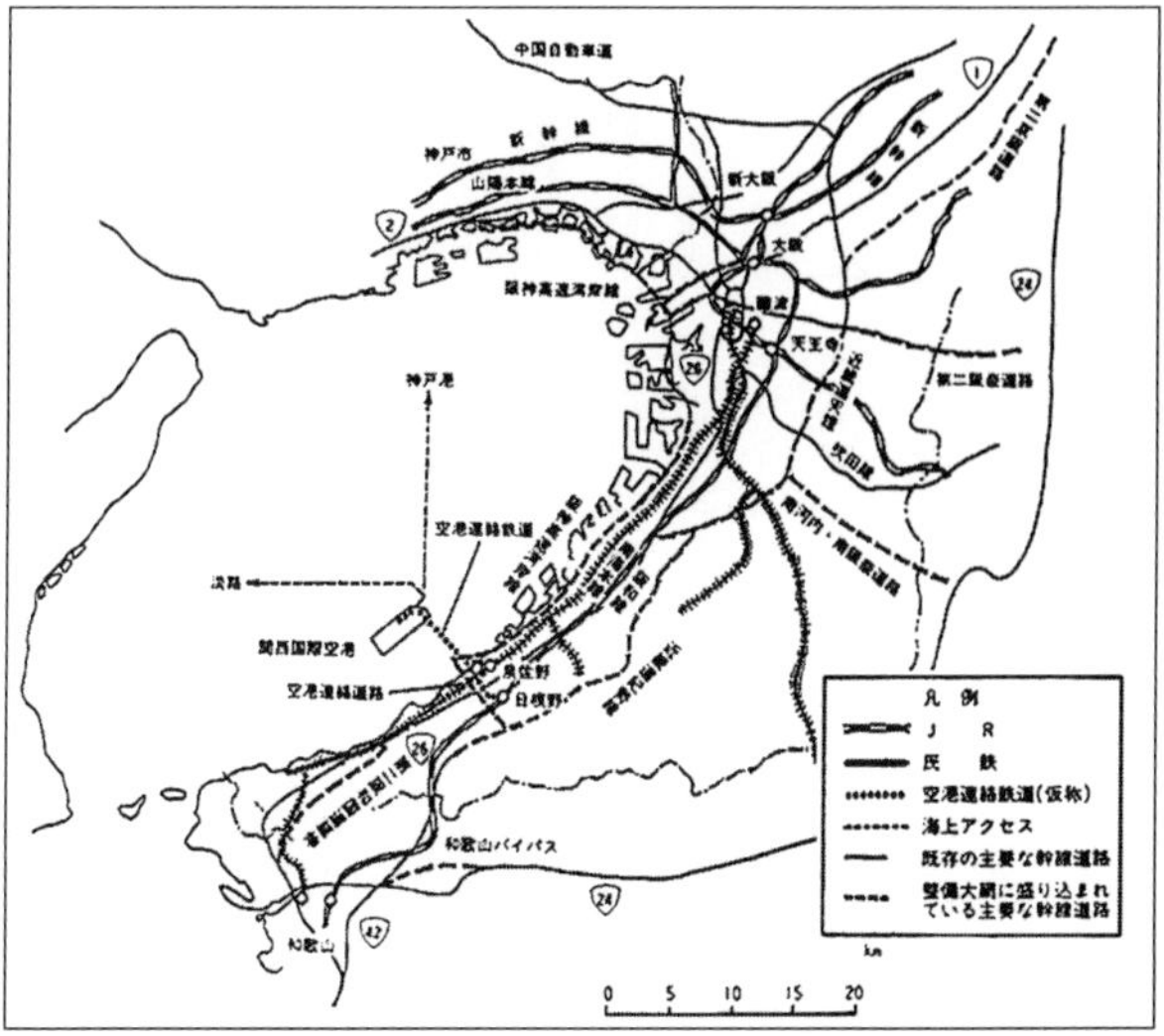

『運輸白書　昭和63年版』に掲載された、関西国際空港の立地にともない必要となる道路、鉄道等へのアクセス計画図（出典：国土交通省ウェブサイト）

空港（関空）の建設と、それにともなうインフラ整備だ。関空の場所は地元である岸和田市に近いし、新しい道路の建設などの影響も受けたからだ。

大阪万博開催前後にはじまった大阪北部の開発に比べ、経済発展から置き去りにされていたような泉州の地が、いきなり建設ラッシュに見舞われた。道路は拡幅・造設され、埋め立てで海岸線が遠くなり、空港に通じる阪神高速4号湾岸線や関西空港自動車道といった高速道路まで走る。古くからの町並みが一変してしまったところもあった。

ただし、わたしを含めて泉州の人間は当初、空港建設に反対する住民の方が多かった。理由は、盛んに喧伝されていた大阪国際空港（伊丹空港）の騒音公害である。

わたしが小学生の頃は、公害が大きな社会問題となっていた。光化学スモッグで、天気が良いのに校舎から外に出られない日もあった。伊丹空港の騒音に関しては、「飛行機の離発着時に騒音で家が揺れる」「校舎の窓を二重にしても授業に支障が出るほどうるさい」といった状況を授業で教えられもした。

そもそも関空の建設は、そんな伊丹空港周辺の騒音を抑えるための計画だった。しかし、空港を海上につくるとはいえ、いざ飛行機が飛びはじめると、どのような被害が及ぶかわからない。地元自治体も反対決議を出し、運輸省（現・国土交通省）による説明会では反対派がヤジや怒号を飛ばし、三時間も職員が何も話せなかった事態も起きたという。

だが、年月が経つにつれて反対運動は沈静化していく。空港建設関係者の地道な努力も功を奏したのだろうが、わたしの知らない大人の事情もあったのだろう。うわさ話は耳にするものの、あくまでもうわさだし、ここで明らかにするのは差し控えたい。

この関空の対岸に造成されたのが「りんくうタウン」だ。海岸を埋め立てたりんくうタウンは泉佐野市、田尻町、泉南市の湾岸沿いに広がる。もともとは砂浜か小さな漁港だった場所を開発し、最先端の高層ビルが建ち並ぶ「世界屈指のインテリジェンスエリア」を造成する計画が立てられていた。
エリアのシンボルが「りんくうゲートタワービル」（現・SiSりんくうタワー）で、「ゲート」という名前の通り、関空に至る高速道路をはさんで二棟が建築される予定だった。しかし、開港前にバブル経済が弾け、計画は大幅に変更。ゲートタワーといいながら一棟だけになってしまった。

中途半端な形となっても、とりあえずゲートタワービルはできた。しかし、国内の有名企業や地元企業が計画していたビル建設はすべて頓挫、広大な空地だけが広がる寂しい場所となった。空港需要も伸び悩み、企業誘致も進まない。この時点でりんくうタウンは、六〇〇〇億円という造成費用に見合わない負の遺産となってしまったのである。

ライターの仕事をはじめて間もない頃、わたしはりんくうタウンのフリーペーパーに携わったことがある。一九九六年にりんくうタウンが「まちびらき」をして五年後のことである。その頃はまだ、南海電鉄とJRのりんくうタウン駅構内の商業スペースにあてられた区画はほぼテナントで埋まり、ゲートタワービル内のテナントも多かった。「大阪府りんくう現代美術空間」という美術館もつくられていた。しかし、櫛《くし》の歯が欠けるようにそれらはなくなり、日を追うごとに衰退していく姿を目の当たりにした。

フリーペーパーは二年も続かなかったので、わたしがりんくうタウンに通うこともなくなっ

りんくうタウンの空中写真（2004年3月撮影）。写真中央の1棟だけ建つ高層ビルがりんくうゲートタワービル（出典：大阪湾環境データベース〈近畿地方整備局神戸港湾空港技術調査事務所〉）

たが、オープン当初、二カ月で一〇〇万人を集客した遊園地「りんくうパパラ」も二〇〇四年に閉園。同年には関空やりんくうタウンに期待をかけていた泉佐野市が、財政再建団体への転落を懸念して非常事態宣言を行っている。

そもそも、泉州南部に広大なビジネス街をつくろうという考えが、大きな間違いだったと思う。地域の民度が低いわけではない。アクセスが悪すぎるのだ。りんくうタウンから難波駅まで約四〇分。新大阪駅に出ようと思えば、さらに二五分かかる。合計すれば一時間超だ。空の便は便利かもしれないが、大阪都心部からだと伊丹空港の方が利便性は高い。そんな場所に拠点を構えようとする企業は、まずない。

そのことに大阪府も気づいたのだろう。二〇一二年三月に「りんくうタウンのさらなる活性化に向けたまちづくり戦略プラン」を策定し、「国際医療交流の拠点づくり」「クールジャパンフロントのまちづくり」「公園・緑地予定地の活用」を三本柱として事業を進めていく。

その結果、ロート製薬の子会社が運営する高度がん医療拠点施設である「メディカルりんくうポート」が二〇一六年一〇月にオープン。二〇一九年には通年型スケートリンクの「関空アイスアリーナ」が開業し、翌年には泉南市が運営を民間に委託した「泉南りんくう公園」（SENNAN LONG PARK）がオープンしている。ただし、「クールジャパンフロントのまちづくり」については開発運営事業者の応募がなく、事業は取りやめとなっている。

それでも戦略プランは奏功し、二〇一九年には、分譲開始から三〇年目にして契約率一〇〇パーセントを達成。現在のりんくうタウンにはアウトレットモールの「りんくうプレミアム・アウトレット」があり、日本人のみならず海外からの買い物客で活況を呈している。SENN AN LONG PARKには、グランピングやアスレチックも楽しめるレクリエーション施設が整備され、現在では関西最大級のレジャースポットとして注目を集めている。

いまのりんくうタウンには、レジャーエリアとしての素地は構築されている。また、近辺の田尻漁港や泉佐野漁港では朝市や青空市が開かれており、岡田浦漁港では朝市に加えて地引網体験もできることをアピールしている。

宿泊施設も、SiSりんくうタワー内に「スターゲイトホテル関西エアポート」と「オディシススイーツ大阪エアポートホテル」が開業し、空港から一駅のりんくうタウン駅には二〇二三年に「OMO関西空港by星野リゾート」がオープンしている。

「インテリジェンスビジネス街」という当初の目標は頓挫したにせよ、発想の転換でりんくうタウンは生まれ変わった。あとは、どこまで継続できるかという問題だ。レジャーや観光は、いつ飽きられるかわからない。それこそ、飽きさせないような工夫が必要となる。発想や企画はその時限りではなく、次から次へと生み出していく必要があるはずだ。

わたしの地元であり、悲惨な時代を知っているだけに、りんくうタウンに対する思い入れは強い。フリーペーパーの記者だった時代には、地元の青年会議所が主となって、「りんくうタウンでＦ１レースを！」というプランがあった。実現はしなかったものの、それぐらいの企画力は必要となっていくだろう。生まれ変わったりんくうタウンが、これからどう成長していくのかを期待したい。

りんくうプレミアム・アウトレットを構成する「Main Side エリア」と「Sea Side エリア」を結ぶ陸橋から見たりんくうタウンの風景

SENNAN LONG PARK の入り口。泉南市が府から敷地を無償で借り受け、事業者に無償で貸しつける独立採算型事業として運営している

†「テクノポート大阪」計画の顚末

大阪港には三つの人工島がある。住之江区の南港沖にある咲洲《さきしま》と此花区の北港沖にある舞洲《まいしま》、夢洲《ゆめしま》だ。

大阪市制百周年記念事業として、これらの島に新たな都市をつくるという「テクノポート大阪」なる計画が、一九八八年に策定される。三島の合計約七七五ヘクタールの土地に国際交易・技術・情報などのサービス拠点や文化・レクリエーションゾーン、住宅などを整備していくプランであった。

時代はバブル景気全盛期に差し掛かる頃である。空前の好景気が長続きする、との想定でプロジェクトは進められたが、ご存じの通り、間もなくしてバブルは弾けてしまう。埋立地はでき上がったものの、企業誘致や住宅地の建設といった構想は破綻。計画自体も頓挫してしまった。

それでもテクノポート大阪計画の先導となった咲洲には、「コスモスクエア」という地区が開発された。「にぎわい創出ゾーン」「ビジネス創造・情報発信ゾーン」「研究開発・教育・研修ゾーン」の三区画に分けられ、中心部に建つのが一九九五年に完成した現在の「大阪府咲洲庁舎」（さきしまコスモタワー）と「アジア太平洋トレードセンター」（大阪南港ＡＴＣ）である。

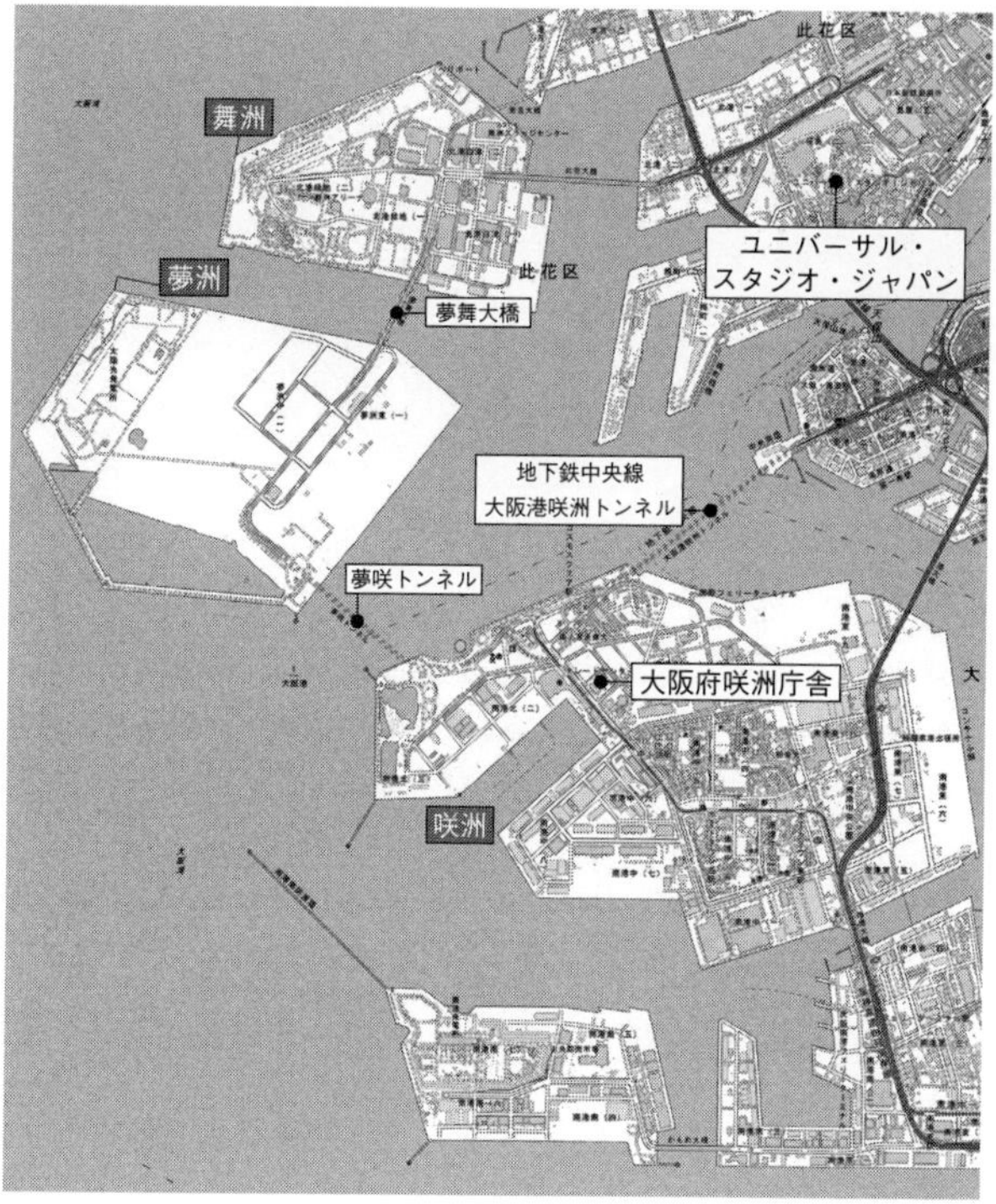

現在の大阪港。ユニバーサル・スタジオ・ジャパン（2001 年 3 月開業）は北港・此花西部地区の遊休地が活用された（国土地理院標準地図をもとに作成）

日本有数のフェリーターミナルを擁する咲洲（大阪市・大阪港港湾地域航空写真／撮影時期：2022 年 8 月-10 月）

二〇〇五年頃、ATCに入居していた会社の仕事を請け負ったことがある。打ち合わせのためにビルに入ったが、驚いたのはテナント数の少なさだった。何階に事務所があったのか、いまでは失念してしまったが、フロアのほとんどが空き室。大規模複合施設と銘打ちながら、ガランと静まり返った空間は、かすかな恐怖すら覚えるほどだった。

そんなイメージがあるので、「ATCは、ほぼ廃墟」という思い込みがあった。コスモタワーにしても、経営状況にあまりいいうわさを聞くことがなく、府の庁舎ビルになっていたことは知っていたものの、「バブルの墓標」という印象しかなかった。

そんな二つのビルを久しぶりに訪ねてみたが、結構なにぎわいがあったのには驚いた。ATC

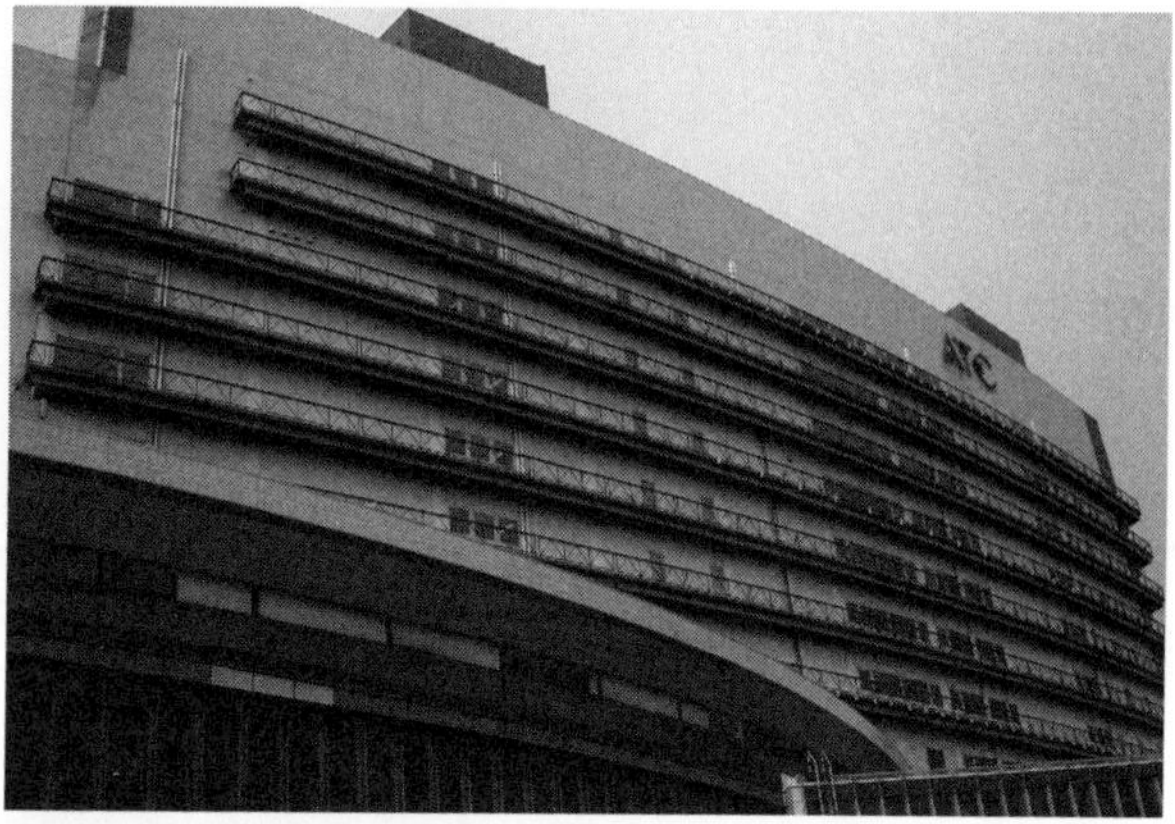

咲洲の湾岸沿いに建てられたアジア太平洋トレードセンター。「O's 棟北館」「O's 棟南館」「ITM 棟」の 3 棟から構成されている

では、二〇一四年にオープンした室内遊園地の「ATCあそびマーレ」があって、家族連れが多く見られた。そのほかにもさまざまな店があり、特に飲食店が充実している。海に面したテラスも設けられ、ショッピングとレストランで一日楽しめそうな施設になっていた。

もともとATCは貿易のための施設として建てられた。当初は、国内外の卸売業者や貿易業者などの入居が期待されていたという。しかし、毎年巨額の赤字を出し続け、企業の入居もままならず、二〇〇三年に経営破綻する。その後、前伊藤忠商事副社長の秋本穣《あきもとみのる》氏が社長に就任し再建に取り組んだ結果、二年後には黒字を計上している。その後は入居者も増えているらしいので、わたしが訪れたときは経営再建のめどが立ったあとだったのだろう。

大阪府咲洲庁舎（さきしまコスモタワー）。超高層の256メートルのビルは「大阪市バブルの塔」と揶揄された

一方のコスモタワーが大阪府の庁舎になったのは二〇一〇年のこと。やはりオフィスの入居が進まず、運営会社が破綻し府が買い取ったのだ。府庁になる前は「大阪ワールドトレードセンタービルディング」（ＷＴＣ）という名称で、貿易関係の諸機関を集めた貿易センターだった。

ＡＴＣはアミューズメントに注力し、コスモタワーは府の力でよみがえった。コスモタワーには府庁のほかに、オフィスやホテル、飲食店などが入居し、人の出入りも多い。最上階の五五階には、カフェなどが併設された有料の展望台がある。入居率は、それぞれ八〇パーセント超というから、好調だといえなくもない。ただし、コスモタワーに入居するホテルが賃料等の未払いで府から訴えられ、二〇二三年三月に大阪地方裁判所はホテル側に施設の明け渡しと滞納金などの賠償を命じている。ホテルは現在も営業中だが、今後の動向は気になるところではある。

では、もはやビジネスでの需要はないのかといえば、そうでもないようだ。『毎日新聞』（二〇二三年八月二五日付）のコラムによると、中国のベンチャー企業が拠点を海外に移転したい希望を持っているという。米国の規制強化を受け、中国政府が半導体産業の育成を急ぎ、そのほかの新興企業への支援が手薄になっているからだ。「イノベーションが停滞し、新サービスが見かけなくなった」という中国の起業家の声も紹介されている。

大阪は東京よりもテナント賃料が安い。日本の企業のように「本社を置くなら、やっぱり東京」という意識がない海外企業であれば、賃料の安い大阪の方が誘致しやすい。そのうえで、大阪が中国ベンチャーを支援すれば、そこから新しいビジネスが生まれる可能性が大きい。

もはや日本国内の企業だけで経済を立て直そうという時代は終わっている。貿易を目的としていたATCが視点を変えたことで復活したように、また、りんくうタウンのように発想を転換することで、まだまだ活況を呈する余地はあるのだ。

†阿倍野再開発地からのながめ

りんくうタウンやアジア太平洋トレードセンター、さきしまコスモタワーは大阪ベイエリアの開発だった。次は都心の開発について言及してみたい。

「阿部野がガラッと変わった」という話を耳にしたのは二〇一一年のこと、「あべのキューズタウン」が完成したときだ。東京・渋谷のファッションビル「109」がキューズタウン内の

「あべのキューズモール」に入居するということで、話題となった。ちなみに、わたしが通った予備校は阿倍野にあった。かれこれ四〇年以上前の話だ。

話題のスポットというところへ行くのは億劫《おっくう》なタイプなのだが、よほど暇だったのだろう、キューズタウンが開業した年のゴールデンウィークに出かけてみた。ＪＲ天王寺駅を降りて近鉄前交差点に架かる歩道橋に上がって南方向を見渡す。眼下には阪堺電鉄の路面電車が走るあべの筋が延び、その西側が再開発の執行地区となった「金塚《かなづか》地区」だった。

金塚地区とは、阿倍野区阿倍野筋一丁目から三丁目のうち、あべの筋の西側と阿倍野区旭町一丁目から三丁目を指す。

あべの筋の東側は、近鉄百貨店阿倍野店（現・あべのハルカス近鉄本店）の上に開業前の「あべのハルカス」がそびえているものの、多少ながらわたしが覚えている町並みは保たれていた。驚いたのは西側の金塚地区で、予備校に通っていた昭和時代の景観が、根こそぎ一掃されていたのだ。

歩道橋を降りて真新しいキューズタウンに向かうが、かつて地元の人が足しげく通ったであろう飲食店などが軒を連ねていた「近鉄西通商店会」（あべの銀座商店街）は跡形もなかった。「明治屋」という老舗の居酒屋も、大阪ローカルのうどん屋チェーン「松屋」もなくなってしまったのかと思ったが、これらの店はキューズタウン内の「Ｖｉａあべのｗａｌｋ」という飲

再開発前の金塚地区（一部除外地を含む）の空中写真（国土地理院空中写真をもとに作成）

食店が集まる商業施設の中に移転していた。

当時、あまりにも変貌しすぎた風景を見て口をついて出たのは、「ここまですんのか？」というものだった。

大阪市の資料によると、阿倍野の様相を一変させた再開発事業は一九七六年から着手された。わたしが予備校に在籍した頃は、すでにスタートが切られていたわけだ。再開発区域は約二八ヘクタール。市街地の再開発計画

再開発事業で更地となったあべの筋沿いの一画（2009 年 3 月撮影）。後方の高層ビルは 2004 年 7 月竣工の「あべのグラントゥール」（写真提供：イシワタフミアキ）

右は再開発前のあべの銀座商店街。左は商店街の脇道に並んでいた飲食店（写真提供：イシワタフミアキ）

としては西日本最大だという。しかし、バブル崩壊などのあおりを受け、事業損失は一九六一億円。数字の上からだと完全な失敗だ。それに、新しいショッピングビルを建てたところで、キタやミナミには敵わない。独自性もないので、わざわざ阿倍野へ行こうという気は起こらない。若い世代なら、さらにそう思うだろう。

　あべのハルカスが日本一の高さだからといって、展望台の「ハルカス300」からの眺望は一回で十分だろう。それだけのために安くないお金を払って、二度も三度も訪ねる気にはなれない。失敗は最初からわかっていたことなのだ。

　だが、最近は様相が変わりつつある。わたしは「あべのハルカス美術館」に行った

インバウンドに人気の観光スポットとなったあべのハルカス

り、四天王寺へ参ったり、近鉄南大阪線に乗るために大阪阿部野橋駅へ行ったりするが、外国人観光客が目立つようになった。阿倍野は天王寺に近いので、神社仏閣に興味のある外国人が訪れる四天王寺や一心《いっしん》寺などがある。第五章で紹介した天王寺公園には芝生広場や動物園もあって、新世界にも近い。ハルカス300も観光スポットとして人気のようだ。それらの名所を巡るために、インバウンド客は集まるのだろう。

とはいえ、この再開発の〝やりすぎ感〟はぬぐえない。阿倍野の特色が、まったくといっていいほど生かされていないからだ。再開発計画が起きたとき、まさかいまのようなインバウンドの波が訪れるとは、予想もしなかったに違いない。とはいえ、どこにでもありそうな町づくりを行って客足が伸びるのかといえば、そんなに安直なものでもないだろう。

地域には地域の特色がある。大阪阿部野橋駅の近くにはスナックやバーが多く、繁華街から一歩足を踏み入れれば、戦前に建てられたと思われる木造家屋も多かった。あべの筋沿いにはさまざまな店が立ち並び、しかもすべてが落ち着きのあるノスタルジックなたたずまい。それこそ、庶民的でレトロな町並みが連なっていた。

阿倍野再開発について、公益社団法人全国市街地再開発協会は、「『安全で安心な住みよいまち』、商業・娯楽・居住・宿泊機能等が複合した『賑わいと魅力のあるまち』として生まれ変わった」（「時代を画した再開発事業」）としているが、果たしてそうなのか。本来なら〝阿倍野的な町づくり〟を最大限に生かすべきだったのだ。「いやいや、十分考慮しました」というのであれば、阿倍野の再開発は計画の時点から失敗だ。

歩道橋の上からあまりの様変わりに驚いていたとき、わたしのとなりで高齢の夫婦が同じ方向をながめていた。なにも語らず、じっと目を凝らしていた姿が印象的だった。

†広域鉄道ネットワークの青写真

本章の冒頭で紹介したように、大阪ではいくつもの再開発が行われ、新たな計画もされている。これまで記した〝負の再開発遺産〟を踏まえて、本項からは現在進行している都市開発について述べていこうと思う。

りんくうタウンの復活の兆《きざ》しについては前述したが、関西国際空港を利用する人から、「関空は不便この上ない」という話をよく聞く。空港に入る高速道路の料金や鉄道の運賃は割高なのに都心からは時間がかかり、強風だと道路は通行止め、鉄道も運休してしまう、というのが主な理由のようだ。「海の上に空港があるんやさかい、しゃあないいんちゃうん」と個人的には思うのだが、そもそも空港は利用しないので、ある意味、他人事ではある。

さらに不便とされるのが、交通アクセスだ。関空から新幹線に乗り換えようとすると、南海電鉄かJRに乗り換える必要がある。南海電鉄なら難波駅で地下鉄御堂筋線に乗って新大阪駅へ。JR阪和線なら天王寺駅で環状線に乗り換え、大阪駅から京都線で新大阪駅に向かう。JRは関空―新大阪直通の特急「はるか」があるものの、運賃のほかに特急料金が必要となるし、本数も一時間に二本しかない。

そんなアクセスの不便を解消しようとして、新しい鉄道路線の計画が進められている。それが第四章の冒頭で触れた「なにわ筋線」だ。

なにわ筋線はJRの大阪駅を始点とし、JR難波駅もしくは南海電鉄の新今宮駅を結ぶ新路線である。これが完成すると、JRは新大阪駅から関空までの直通列車を走らせることができ、南海電鉄も新大阪駅まで乗り入れすることが可能となる。

阪急電鉄も新大阪駅から十三《じゅうそう》駅を経由して大阪駅を結ぶ新路線の開業を検討していて、なにわ筋線に乗り入れて関空までの直通列車を走らせる予定だという。これが実現すれば、南海本線に「マルーンカラー」の車両が走ることになる。

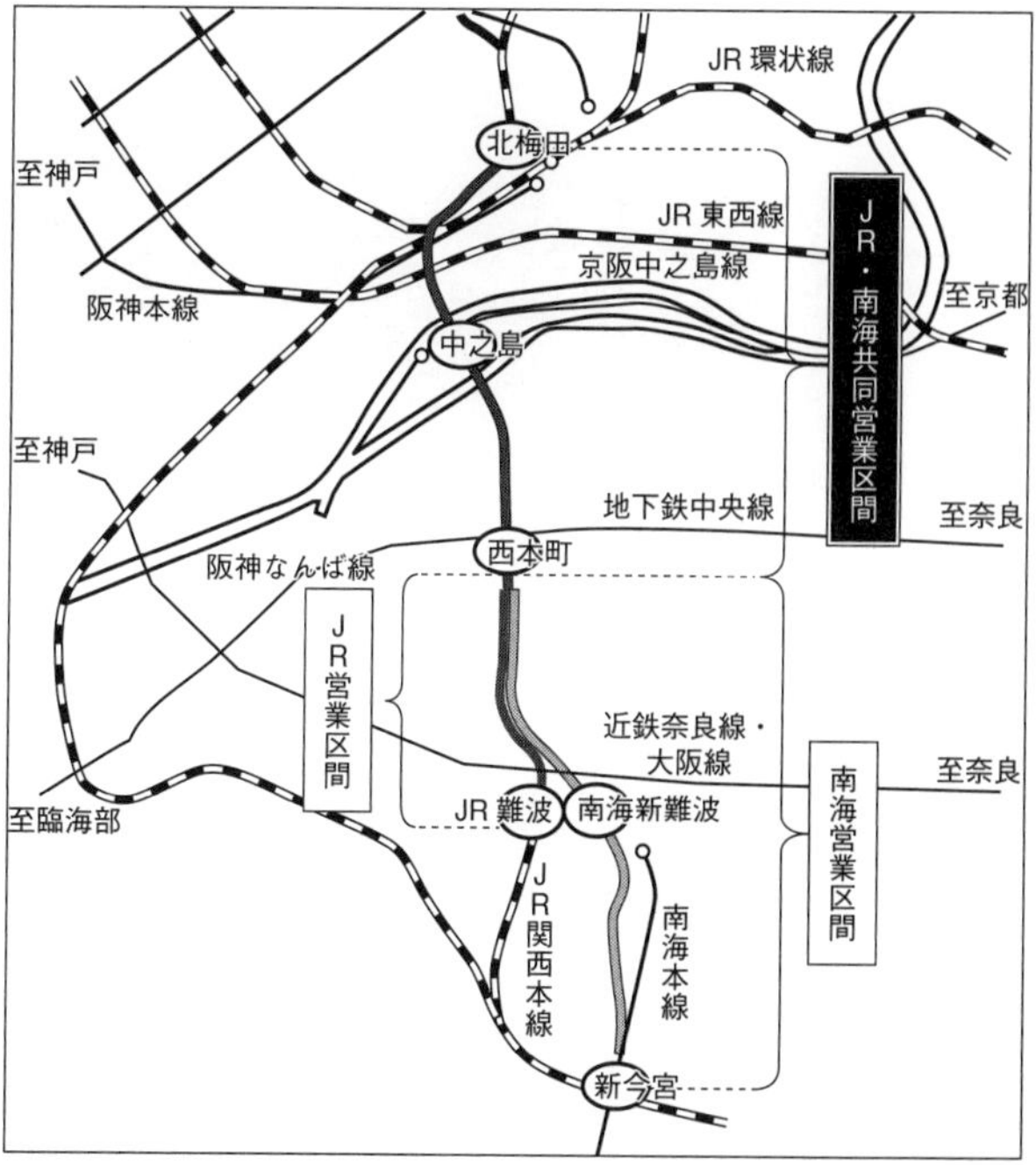

なにわ筋線の計画路線図（大阪市 2017 年 5 月公表資料「なにわ筋線の整備に向けて」をもとに作成）

なにわ筋線南海新難波駅（仮称）の建設予定地。現在は大阪シティバスのターミナルとなっている

マルーンカラーとは、阪急電鉄の車両に採用されている小豆色の塗装のこと。阪急電鉄といえば神戸線や宝塚線のイメージが強く、ハイソな乗客が多く利用している印象がある。自分の育った地域を卑下するわけではないが、あまり上品とはいえない泉州地域に似合っているとは思えず、個人的に違和感は否めない。

わたしは打ち合わせや営業などで月に一回程度上京するので、なにわ筋線ができれば南海電鉄に乗ったまま新大阪駅まで乗り換えがないのは便利だ。ただ、南海本線沿いの府民以外は大きな恩恵を受けない。既存の路線で十分だ。となれば、なにわ筋線はビジネスや観光で関空を利用する人だけに特化した路線といえる。それは阪急電鉄の新路線も同じである。

それでも経営は成り立つとの計算はなされているのだろう。大阪市は、「大阪都心及び京阪神圏の各拠点都市と関西国際空港とのアクセス性の強化等、広域鉄道ネットワークの拡充に資する路線」（「なにわ筋線について」二〇二三年一〇月六日付）だと胸を張るが、「つくってはみましたが、想定していたよりも利用客が少なかった」という、これまでの「負の遺産」の再現のような事態にならないよう祈っている。

†再都市化の本丸、「うめきた」開発

梅田の繁華街から少し離れた場所に、二棟の高層ビルを頂部の展望台でつないだ風変わりなビルがある。英紙『タイムズ』の「世界を代表する20の建造物」に選出され、「未来の凱旋門」とも称される高さ一七三メートルの「梅田スカイビル」だ。ビル内の三階と四階には、「シネ・リーブル梅田」という通好みの作品を上映する映画館があり、上映前に待つ窓際のスペースからは旧梅田貨物駅の跡地が見渡せる。

一九二八年に開業した梅田貨物駅（正式名称は「梅田駅」）は、まだトラック輸送が普及していなかった時代、河川の水運と連携し、大阪の経済を支えていた。しかし、二〇一三年四月一日をもって貨物駅としての業務は終えている。

残念ながらわたしには、営業中や業務を廃止したばかりの梅田貨物駅の思い出はない。シネ・リーブル梅田を訪れるようになったのも廃止後だ。だから窓際から跡地を見ても、「あそこは何があったっけ？」という印象しかなかった。したがって開発工事が進んでも、これとい

った感懐は抱かない。あるとすれば、「あんな広い場所が野ざらしになってたんはもったいない」という考えくらいだ。事実、広大な貨物駅跡を指して「大阪最後の一等地」と呼ばれていたそうだ。

現在、この場所で行われている開発事業が「うめきた2期地区開発事業」、正式なプロジェクト名称は「グラングリーン大阪」である。先行していた一期工事は二〇一三年に終了。旧貨物駅の北側部分に複合型商業施設の「グランフロント大阪」が開業している。二期工事は二〇二四年九月の「先行まちびらき」に向けて開発が進められており、三年後には全体が完了する予定だという。

梅田スカイビル4階から俯瞰した再開発工事中の旧梅田貨物駅跡地（2023年10月撮影）

今回、改めてグランフロント周辺を歩いてみたが、高層ビルが空に向かってそびえ、整然とした風景が広がっていた。「計画通りにできあがりましたよ」という声が聞こえてきそうなほど、設計段階の完成予想図をそのまま実現させたような印象を受ける。本書の取材のために改めて新世界や京橋、新地などをめぐったあとなので、「これが同じ大阪?」と思ってしまう。

大阪駅北地区開発の全体構想図（2004 年 7 月時点）。先行開発区域が現在のグランフロント大阪（出典：大阪市「大阪駅北地区まちづくり基本計画」）

むかしをよく知っている人なら、その様変わりに目を見張ってしまうに違いない。

戦後の梅田は開発を繰り返して成り立ってきた。四棟ある駅前ビルもそうだし、一九九〇年代の阪急電鉄大阪梅田駅東側の茶屋町地区もそうだ。当時の梅田には、市街地を開発するうえで、土地を利用できる余地があったのだ。しかし今後、貨物駅跡のような遊休地はないし、土地を買収してまで開発すべきエリアもないことから、「うめきた開発」で都市部の再開発も打ち止めになるだろうと思っていたが、まだまだ計画はあるらしい。

その一つが「梅田3丁目計画」（仮称）である。大阪駅前にあった旧大阪中央郵便局の敷地を含めた場所に、商業施設、劇場、ホテルなどの入る超高層ビルを建てるという。建物の名称は「JPタワー大阪」、商業施設の名称は「KITTE大阪」となる。阪急阪神ホールディングスグループも、大阪新阪急ホテルと阪急ターミナルビルを建て替え、阪急三番街を全面改修する計画も立てているという。また、一九七六年三月に竣工した梅田のランドマークの一つ「大阪マルビル」の建て替えも二〇二二年五月に発表されている。

これからも、まだまだ梅田の開発は終わることなく、風景は様変わりしていく。梅田は、東京の六本木ヒルズや恵比寿ガーデンプレイスのようなエリアになる可能性を秘めている。多くの人が集まり、遊び、仕事をするエリアになる。ミナミとは異なる魅力で、観光客が増えるのは確実だ。大掛かりな開発計画ではないにせよ、梅田開発の終了後、そのほかの大阪の市街地に開発の手が伸びるだろう。ただ、「東京と変わらない」「東京の二番煎じ」というイメージはもたれたくはない。上品に上辺をつくろうよりも、本音をさらけ出したいとするのが大阪人の気質であり、大阪らしさだ。

南館と北館に分かれ、4棟の高層ビルからなるグランフロント大阪

〝大阪らしくない〟近未来な空間で、いかに〝大阪らしさ〟を見せてくれるのか。いまはお手並み拝見といったところだ。

夢洲は〝夢の島〟になりうるか

「テクノポート大阪」計画が破綻し、手つかずの土地が多く残ったままの大阪北港の人工島に再び注目が集まったのは、近年のこと。大阪への万博誘致が成功し、夢洲での開催が決定したからだ。さらに夢洲では、統合型リゾート施設（IR）の建設が予定されている。地下鉄中央線の延伸や道路の建設などのインフラ整備も計画され、「大阪ベイエリアの付加価値があがる」と期待する声が聞かれる。

実は万博開催決定前にも、この人工島が注目を浴びたことがあった。二〇〇八年夏季オリンピックの誘致である。このときは舞洲にメインスタジアムを置いて開催を目指していたが、二〇〇一年の開催地選考で北京に負けて落選している。

大阪・関西万博の開催は二〇二五年四月一三日から一〇月一三日の予定だ。

この原稿を執筆している時点では、あと一年と三カ月だが、わたし自身は開催が決定したとき、「また万博?」という気がしないではなかった。「低迷する関西経済の起爆剤になる」というが、疑心暗鬼だ。「たかが一時のイベントが、経済を盛り上げるはずがない」という考えも

前方が近年スポーツ振興を核にした整備が進む舞洲。後方が万博開催予定地の夢洲（大阪市・大阪港港湾地域航空写真／撮影時期：2022 年 8 月-10 月）

ある。国立民族学博物館の広瀬浩二郎教授は、「大阪で万博を開くこと自体は、何でも東京ばかりに集まる東京中心主義への異議申し立ての意味でも重要である」（『朝日新聞デジタル』二〇二三年七月二一日配信）とコメントしているが、「そんなもんかなぁ」と思う。

だが、二〇二三年九月に行われた「阪神タイガース、オリックス・バファローズ優勝記念パレード」の記者会見には違和感を覚えた。会見場には両チームの球団旗などはなく、大阪万博のマスコット「ミャクミャク」が同席。パレードの名称にも「2025年大阪・関西万博500日前！」という文言が加えられている。この「関西二球団の優勝に便乗して万博も盛り上げる」という〝無理矢理感〟にはあっけに取られてしまった。

その大阪・関西万博も最近になって暗雲が立ち込めはじめた。参加表明をしている一五三カ国・地域のうち、自前の建設を予定しているのは六〇カ国。そのうち建設業者の決まっているのは二〇カ国に過ぎない（二〇二三年九月三〇日現在）。これから増えては行くのだろうが、「間に合うのか？」という疑念は持つ。

さらに、人材不足と資材価格の高騰で予算が増加している。「お金、どこから用立てるつもりなんかな？」という思いを拭えない。そこに加え、日本国際博覧会協会はパビリオン建設に際し、時間外労働の上限規制の対象外にするよう、内々で政府に要請したとの報道がなされた。「過重労働で死者が出るのでは？」と不安になる。前売り券を割り当てられた関西の企業が、購入に二の足を踏んでいるという報道（『毎日新聞』二〇二三年九月二九日付）もあった。

交通アクセスの問題も必至だ。現在、夢洲に入るには舞洲からの夢舞大橋《ゆめまい》か、咲洲からの夢咲トンネルを通るしか方法はない。工事が本格化すれば、かなりの渋滞が予想される。資材の調達が滞るのは目に見えている。盛り上がりもイマイチで、読売新聞社が実施した全国世論調査によると、二〇二三年七月時点の関心度は、「関心がある」は三五パーセント、「関心がない」は六五パーセント。わたしの周囲に聞いてみても、「うーん、行けたら行くかな」という声が多い。ちなみに、大阪人の「行けたら行く」は「行かない」と同義語だ。

万博が無事開催されたとしても、やはりアクセスの問題がある。

万博のPR画像を写す地下鉄東梅田駅改札前のデジタルサイネージ（電子看板）。ほかにも市内各所にPRポスターなどが掲示されている

七〇年の大阪万博の開催時には、万国博中央口駅を臨時で設置した北大阪急行電鉄会場線と、やはり臨時の阪急千里線の万国博西口駅があった（現在は両駅とも廃止）。主要駅からのピストンバスや各地からの路線バスも運行された。このように大阪万博の会場へは四方八方から乗りつけることができたが、海上で行われる今回の万博は、そうはいかない。大混雑は必至だ。

　それでも、どうにかこうにか終わったとしよう。跡地にIRが計画されているものの、IRについては、「ギャンブル依存症への対処法が不十分」「治安の悪化が心配」「そもそも自治体が博打で儲けようとする発想はいかがなものか」などの反対意見が多い。わたしも「鉄火場のテラ銭で市や府が潤う」という考えには賛同できない。IR開業予定は二〇三〇年、それまでにすべての問題は解決するのだろうか。

　ここまで来てしまっては、もはや引き返せない。土地の整備工事は進んでいるし、大阪のメンツもかかっているので、「やっぱりやめます」とは口が裂けてもいえない。けれど、一度立ち止まって、スケジュールや規模などについて整理する必要がある気はする。

ブルースシンガーの上田正樹は『悲しい色やね』の中で、大阪の海に「さよならをみんなここに捨てに来るから」と歌っている。大阪の北港が「悲しい色」に染まらないことを、切に願う。

†観光の大大阪時代に向かって

「大阪のどこに、インバウンド客を引きつける魅力があるのか?」と考えたとき、一つは食べ物が美味しいこと、もう一つは関西国際空港の存在、そしてもう一つは交通網が発達していることが挙げられる。京都に行くにも奈良に行くにも関空が玄関口になる。その前に「ちょっと立ち寄る」となれば大阪しかない。市内の移動も京都や奈良と違って、大阪は地下鉄が充実しているので便利だ。

食べ物は京都の薄味よりも、大阪の「粉もん」が好まれるようだ。粉もんといえば、基本はソース味。濃厚な味つけは、外国人の口に合うのだろう。ちなみに、大阪人は何にでもソースをつけたがる。お好み焼きやたこ焼きをはじめとする粉もんや串カツはもちろんのこと、豚まんにシュウマイ、玉子焼きにもソースをたらすし、大衆食堂のテーブルにはソースが常備され

粉もんグルメの宝庫である通天閣と新世界周辺は、連日さまざまな国籍の観光客でにぎわっている

ている。

また、「大阪の人は人懐っこくて優しい」という意見もあるという。道をたずねても気軽に教えてくれるし、英語がわからなくても話しかけてくる人がいる。立ち飲み屋で外国人グループと地元のおっさんが盛り上がっているところを、わたしもよく目にする。おっさんは英語交じりの大阪弁で話すものの、十分会話が成り立っているので不思議だ。そもそも商人の町である大阪では、人をもてなすのに長《た》けているのだ。

では、これからの大阪は、もっと観光都市になれるのか。観光都市として成り立っていく資源はあるのか。そうたずねられると、心もとないと思うのも事実だ。

『日本経済新聞』（二〇二三年六月二六日

付）で、インバウンドニュースサイト「訪日ラボ」を運営するｍｏｖが、大阪の観光名所に寄せられた口コミをもとに解析した人気ランキングを取り上げていた。それによると、一位がユニバーサル・スタジオ・ジャパン（ＵＳＪ）、二位が大阪城、三位は道頓堀、四位が海遊館で五位は黒門市場となっている。六位以下は梅田スカイビル、ハルカス３００、通天閣、空中庭園展望台、あべのハルカスの順である。

ただし、九位の空中庭園展望台は梅田スカイビル内にあり、七位のハルカス３００はあべのハルカスの展望台である。これらのポイントを合わせると梅田スカイビルが五位、あべのハルカスは六位、黒門市場は七位となってしまうが、すぐ近くの道頓堀と同じエリアとすれば、「道頓堀・黒門市場」は二位と判断してもいいだろう。

大阪観光の定番フォトスポットとして知られる、道頓堀の戎橋にある野外広告「道頓堀グリコサイン」

　これらの観光名所のうち、通天閣のある新世界とあべのハルカス、道頓堀・黒門市場は距離的には近い。大阪

「食い倒れの町・大阪」を象徴する黒門市場。店頭の食材をイートインできる店があり、インバウンドにも人気の観光エリアとなった

城にも地下鉄を使えば、すぐに行くことができる。その気になれば一日で回りきることが可能だ。ただし、この「一日で回りきれる」が悩ましいところなのである。海遊館とスカイビルのある梅田を加えたとしても二日あれば十分。単独で一日を費やすのはUSJくらいのものだが、それでも合計で三日だ。

一方、京都の名所を一日や二日ですべて訪ねるのは難しい。清水寺のある東山、平安神宮のある岡崎、金閣寺のある北山、渡月橋のある嵐山を観光し、錦市場や京都御所、二条城、伏見稲荷大社を訪ねるとなれば、宿泊して数日かけるか再訪する必要がある。

つまり、長期間の滞在やリピートを狙うための観光資源が、大阪には乏しい。短期間かつ再訪が少ないとなると、当然、経済的な効果は低い。新たに観光開発を行うにしても、コストはかかるし思ったほど集客力がない、というリスクを負う。そこで統合型リゾート施設、いわゆる「IR」という発想になるのだろうが、成功するかどうかは未知数だ。

残るのは、第五章の「でんでんタウン」で言及した「外国人オタクへの訴求」、そして「大阪の日常」だと考える。USJには、世界的に人気が高い日本の漫画やアニメを題材にしたアトラクションやイベントがあり、海外のファンを取り込んでいるという。もはやオタクは、日本の文化と経済を支える中心的な役割を果たしているのである。

「日常」は、特に施設を設けるのではなく、大阪で〝普段の生活〟を数日味わってもらうというものだ。ホテルではなく、商店街などのアパートや古民家風の宿泊所に泊まってもらい、食事は町の食堂、買い物は商店街、風呂は銭湯。これをガイドつきで体験してもらう。すでに東大阪市では、民間業者の事業として「SEKAI HOTEL Fuse」(セカイホテル布施)の経営が行われている。

このホテルは一つの建物に宿泊してもらうのではなく、「まちごと体験する」をコンセプトに、「分散型まちごとホテル」という形をとっている。下町の商店街の中に客室が点在していて、そのまま大阪の日常を体験できる仕組みになっている。

これを行政が支援するとか、商店街や地区が率先して行うといった手段はありうる。下町でなく郊外の農村でもいい。大阪の南河内郡には千早赤阪村という大阪府唯一の村があり、下赤阪の棚田は農林水産省の「日本の棚田百選」にも選ばれるほどの絶景だ。千早赤阪村でなくて

東大阪市のみやこ町商店街内にある「SEKAI HOTEL fuse」の客室入口。フロントで受付を済ませ、7軒ある客室に出向くシステムになっている

も、大阪府下には農村地域がいくつもある。自然を満喫しながらのんびりと過ごしたり、農作業を体験したりして、普段の大阪を知ってもらうのである。

　これは別にインバウンドだけではなく、日本人観光客にも訴求できるはずだ。大阪に来てもらうのだから、大阪の日常を見てもらうのがもっとも手っ取り早い。提供してくれる場所とか、ガイドの育成というハードルはあるけれども、コストやリスクは低い。

　コロナ禍で落ち込んでいた観光需要が回復し、大阪には追い風になっているとの報道もある。これまで記したように、名所だけでなく、交通インフラや料理、人柄など、大阪には観光都市としての下地はできている。だからといって、あぐらをかいていれば飽きられるだろうし、集客に工夫を凝らしたほかの地域や都市に観光客が奪われるかもしれない。

　観光に力を入れているのは大阪だけではない。日本国中にライバルがいる、という意識は持ち続けなければならない。「観光誘致なんやから、ドーンとでっかい箱モノ建てて、派手に儲けさせてもらいまひょ」という発想は改めるべきだし、時代遅れといい切ってしまっても過言ではないのである。

あとがき

「とにかく、歩いた、歩いた」

　原稿を書き終えた感想だ。

　書籍やネットなどで情報は得ながらも、やはり自分の目で確かめたい、という思いはある。実際に訪ねることによって、肌に直接感じる何かがあるはず。そう考えたからだ。

　まず気づいたのは、大阪の土地の高低差だ。それこそＮＨＫ『ブラタモリ』のタモリ氏になったような気分だった。「大阪平野」というくらいだから、平坦な地形が広がっていると思っていた。だが、実際に歩くと、想像以上に高低差がある。

　本書では何度も上町台地を取り上げたが、台地の頂上とふもととでは、ちょっとしたビルの高さほど差が生じている。港区には三角点のある山として、日本で一番低い天保山がある。標高は四・五三メートル。だが、上町台地は天保山よりもはるかに高い（国土地理院地図〈電子国土Ｗｅｂ〉では、大阪城天守閣北東の三角点の標高は32・9メートル）。しかも、台地の頂上面にも高低差があり、すべてが平坦なわけではない。

　東京に行くと、坂道の多さに驚かされる。大阪は東京ほどではないにせよ、それなりの数があることがわかった。その後、どこを歩いても坂道や地面の高低差が気になるようになる。自分の住んでいる町にしても、「ここが坂で、上ったところがあそこで、あそこからまた下りになって」と、建物のない状態を想像してしまうようになった。

もう一つ気づかされたのが、大阪の町のそれぞれの特徴だった。ニュータウンや開発地域、ビジネス街といった洗練された場所があるかと思えば、色街の面影どころか、いまも現役の町があり、一般人にはなかなか足を踏み入れがたいエリアも存在する。他方では、豪邸の立ち並ぶお屋敷街もあり、古くからの民家をリノベーションして新たな文化を発信している界隈もある。都心から一時間も離れれば、農村も広がっているし漁港もある。

いままで町はつくるのではなく、できあがるものだと考えてきた。土地の環境に応じて、さまざまな目的を持った人が集まって生活空間が形成される。その多様な状況を維持しつつ、町は成長していく。そう思っていたし、そんな町でないと住みたくないとの意識もあった。

けれど、考えは覆される。秀吉による城下町の造営や江戸時代の治水に伴う新田開発、戦後の開発計画などで整備された町もあるし、暮らしの場ではなくビジネスに特化した地域もある。「生きる場所」「働く場所」がお膳立てされているのだから、味気ない雰囲気をイメージしていた。だが、実際にその場所に立つと、「これは、これでありやな」という気になる。

たとえ町が計画を前提につくられたとしても、そこに住んだり働いたりする人には、それぞれの個性がある。当初は町が人を集めたにせよ、町の特色を築いていくのは、そのような人たちでしかない。町は成長するものだ。それが、よい方に進むのか、悪くなっていくのかはわからないが、年月を経るにつれ形は変わり、当初の目的が変化することはある。新しく誕生した町には、これからの変化を期待したい。

紙幅の都合もあって残念だったのは、大阪特有の文化まで記述が及ばなかった点だ。

商人の町として発展してきた大阪は、その財力で絢爛豪華《けんらんごうか》な文化を生み出してきた。江戸時代初期の元禄文化が、それだ。大大阪時代の建築物については本書で触れたが、その時代における歌劇や演芸などを紹介する余裕はなかった。文化の発展に貢献した人物もしかり。

近代以前でなくても、七〇年代から八〇年代には大阪独自というべき文化があった。八〇年代には小劇場ブームがあり、古田新太や羽野晶紀、筧利夫らの「劇団☆新感線」、立原啓裕、牧野エミ、升毅の「売名行為」、辰巳琢郎、生瀬勝久の「劇団そとばこまち」は京都が拠点だったが、彼ら団員を使ったテレビ番組が多く企画され、吉本興業や松竹芸能とは異なる笑いを届けてくれた。

音楽としては、「大阪ブルース」というジャンルがあるが、本書で触れた木村充揮や上田正樹をはじめ、大上留利子、大西ユカリらのシンガーが活躍。ブルースだけでなく、大阪はレゲエも盛んだったりする。そのほかにも、粉もの以外の食文化や祭事などなど、これらがいかにして現在の〝大阪らしさ〟を形づくってきたかと思えば、やはり書き足りない。

書き足りないといえば、町もそうだ。京橋に匹敵する歓楽街の十三、昨今の注目のスポットとなった福島と天満、クリエイターの集う南森町など、まだまだ紹介したいところはいくらでもある。わたしの出身地で居住地でもある岸和田もそうだ。こちらはさすがに思い入れが強すぎるので避けておいた方がいいかもしれないが。

執筆を進めながら強く思ったのは、やはり大阪は「日本で第二の都市である」ということだ。人口や経済力で関東圏が抜きん出たとしても、それは「東京」というメガシティにぶら下がっているに過ぎない。「埼玉都民」「千葉都民」といった言葉が、それを如実に示している。大阪は自分の力のみで確立されている。この「底力」こそが、大阪をナンバー2という立場にしているのだ。そんな底力は、ちょっとした工夫と発想で、より大阪を盛り上げる要素になる。東京と張り合う必要はなく、大阪らしさを全面にアピールすることで、独自の立ち位置を維持することができる。大阪には、まだまだその余力があるはずだ。

ただし、長く住み続けたり、同じ場所で働き続けたりすると、自分たちの力に気づかないことがある。ほかから見ればすごいことでも、「そんなん、当たり前やん」「そんなことにびっくりすんの?」という意識になりがちだ。それを気づかせてくれるのは、外からの目と指摘。しかし、よそからの知恵や意見に頼ると、もともとの魅力が損なわれたり、ありきたりなものができあがったりする。第三者の意見を取り入れつつも、最終的には住民の意見で完成するのが本来の〝まちづくり〟のはずだ。

大阪は、まだまだ変われるし成長もできる。けれども、変えるのは大阪人自身だ。国でも大手広告代理店でもない。そして、大阪人が大阪を知るのは、もっと大事なことだ。海外や府外への視察もいいだろう。だが、大阪市や府の議員であるのに、「釜ヶ崎へ行ったことがない」「萩之茶屋の三角公園って、どこ?」という人には、次から票を入れないほうがいい。

そして、これらのことは大阪だけに限らない。どの地域にも、変わること、成長していくことのできる力は備わっている。そのためには、やはり自分で地元を見て、知って、感じることが大切だ。本書は大阪の本だが、これを通じて、地元の財産に気づき、地元にプライドを持っていただければ、ありがたく思う。

二〇二四年一月一〇日

歯黒猛夫

参考文献・ホームページ

『県史27　大阪府の歴史』児玉幸多監修　藤本篤・前田豊邦・馬田綾子・堀田暁生著（山川出版社）
『大阪市の歴史』大阪市史編纂所編（創元社）
『大阪の教科書　大阪検定公式テキスト』橋爪紳也監修・創元社編集部編（創元社）
『東アジアに開かれた古代王宮・難波宮』積山洋著（新泉社）
『「水都」大阪物語〔再生への歴史文化的考察〕』橋爪紳也著（藤原書店）
『大阪の橋ものがたり』伊藤純・橋爪節也・船越幹央・八木滋著（創元社）
『世界遺産　百舌鳥・古市古墳群をあるく　ビジュアルＭＡＰ全案内』久世仁士著・創元社編集部編（創元社）
『古地図や写真で楽しむ　大阪歴史トラベル』（ＪＴＢパブリッシング）
『大阪湾―環境の変遷と創造』生態系工学研究会編（恒星社厚生閣）
『水利灌漑、築造史考　技術集団の系譜　和泉、河内、摂津』辻川季三郎著（大栄出版）
『重ね地図で愉しむ　大阪「高低差」の秘密』梅林秀行監修（宝島新書）
『日本史の謎は「地形」で解ける　環境・民族篇』竹村公太郎著（ＰＨＰ文庫）
『大阪まち物語』なにわ物語研究会編（創元社）
『大阪府の鉄道　昭和～平成の全路線』野沢敬次著（アルファベータブックス）
『週刊日本の街道61　高野街道 京・大坂から高野山へ』（講談社）
『大阪50山《アート》』大阪府山岳連盟編（ナカニシヤ出版）
『都市は文化でよみがえる』大林剛郎著（集英社新書）

『大阪「地理・地名・地図」の謎　意外と知らない〝上方〟の歴史を読み解く！』谷川彰英監修（じっぴコンパクト新書）

『すごいぞ！　関西ローカル鉄道物語』田中輝美著（１４０Ｂ）

『歩いて旅する東海道　五十三次＋京街道四次の宿場＆街道歩きを楽しむ』ウエスト・パブリッシング著（山と溪谷社）

『国鉄・ＪＲ　関西圏　近郊電車発達史―大阪駅１４０年の歴史とアーバンネットワークの成立ち』寺本光照著（ＪＴＢパブリッシング）

『大阪鉄道大百科』ＫａｎｓａｉＷａｌｋｅｒ編集部編（ＫＡＤＯＫＡＷＡ）

『懐かしい沿線写真で訪ねる　大阪環状線・北大阪急行・御堂筋線　街と駅の1世紀』生田誠著（アルファベータブックス）

『関西圏鉄道事情大研究　ライバル鉄道篇』川島令三著（草思社）

『「関西鉄道」の復興計画（前篇・後篇）』増田一生著（ＢＣＣＫＳ）

『大阪メトロ誕生「市電」、「市営地下鉄」、「ニュートラム」―大阪市営交通民営化までの１１４年間と現況』伊原薫著（かや書房）

『そうだったのか！　ＯｓａｋａＭｅｔｒｏ―民営化で変わったもの、変わらなかったこと』伊原薫著（交通新聞社新書）

『古墳図鑑　訪れやすい全国の古墳３００』青木敬著（日本文芸社）

『［畿内］古墳探訪ガイド　改訂版　大阪・京都・奈良・兵庫』松本弥著（メイツ出版）

『堺―海の都市文明』角山榮著（ＰＨＰ新書）

『関西人vs関東人　ここまで違うことばの常識』博学こだわり倶楽部編（ＫＡＷＡＤＥ夢文庫）

『最新版　関西人の常識vs関東人の常識』博学こだわり倶楽部編（ＫＡＷＡＤＥ夢文庫）

『ブラタモリ10 富士の樹海 富士山麓 大阪 大坂城 知床』ＮＨＫ「ブラタモリ」制作班監修（ＫＡＤＯＫＡＷＡ）
『大阪地下街三十年史』大阪地下街株式会社編（大阪地下街）
「豊臣時代の伏見城下町と大坂城下町」松尾信裕著（大阪歴史博物館研究紀要 13巻 ２０１５年２月）
「大阪の地下鉄と地下街の形成―１９７０年頃を中心として―」谷内正往著（大阪公共交通研究所『都市と公共交通』第41号 ２０１７年６月30日）
「『鉄道国有化』の会計」中村将人著（『地域経済経営ネットワーク研究センター年報』第７号 ２０１８年３月30日）

大阪市 https://www.city.osaka.lg.jp/
大阪府 https://www.pref.osaka.lg.jp/
大阪湾環境データベース http://kouwan.pa.kkr.mlit.go.jp/kankyo-db/
地震本部 https://www.jishin.go.jp/
国土交通省 淀川河川事務所 https://www.kkr.mlit.go.jp/yodogawa/
ＪＲ西日本 https://www.westjr.co.jp/
毎日新聞 https://mainichi.jp/
朝日新聞デジタル https://www.asahi.com/
読売新聞オンライン https://www.yomiuri.co.jp/
産経ニュース https://www.sankei.com/
日本経済新聞 https://www.nikkei.com/
琉球新報デジタル https://ryukyushimpo.jp/

東洋経済オンライン　https://toyokeizai.net/
Ｓｍａｒｔ ＦＬＡＳＨ　https://smart-flash.jp/
梅田コネクト　https://umeda-connect.jp/
大坂城豊臣石垣公開プロジェクト　https://www.toyotomi-ishigaki.com/
鶴橋商店街「鶴橋商店街の歴史・魅力」　https://tsurushin.com/history/
大阪地下街株式会社「地下街の歴史」　https://www.osaka-chikagai.jp/company/history.html
三井住友トラスト不動産「このまちアーカイブス」　https://smtrc.jp/town-archives/index.html
水都大阪「水都大阪の歴史」　https://www.suito-osaka.jp/special/history/index.html
国立国会図書館「写真の中の明治・大正」　https://www.ndl.go.jp/scenery_top/
大阪市立図書館デジタルアーカイブ　http://image.oml.city.osaka.lg.jp/archive/
堺市立図書館　地域資料デジタルアーカイブ　https://e-library.gprime.jp/lib_city_sakai/da/top

ちくま新書
1786

大阪《おおさか》がすごい
——歩《ある》いて集《あつ》めたなにわの底力《そこぢから》

二〇二四年四月一〇日 第一刷発行

著者 歯黒猛夫（はぐろ・たけお）

発行者 喜入冬子

発行所 株式会社 筑摩書房
東京都台東区蔵前二-五-三 郵便番号一一一-八七五五
電話番号〇三-五六八七-二六〇一（代表）

装幀者 間村俊一

印刷・製本 三松堂印刷 株式会社

ISBN978-4-480-07611-3 C0230

ちくま新書

1401
大阪
——都市の記憶を掘り起こす
加藤政洋

梅田地下街の迷宮、ミナミの賑わい、2025年万博の舞台「夢洲」……気鋭の地理学者が街々を歩き、織田作之助らの作品を読み、思考し、この大都市の物語を語る。

1294
大坂　民衆の近世史
——老いと病・生業・下層社会
塚田孝

江戸時代に大坂の庶民に与えられた「褒賞」の記録を読みとくと、今は忘れられた市井の人々のドラマが見えてくる。大坂の町と庶民の暮らしがよくわかる一冊。

1444
阪神タイガース1985-2003
中川右介

1985年の日本一から2003年のリーグ優勝まで、二度の暗黒時代を阪神タイガースはいかに乗り越えてきたか。栄光と挫折の歴史を、事実に基づき再構成する。

1375
上方らくごの舞台裏
小佐田定雄

今は亡き上方落語四天王（六代目松鶴、米朝、三代目春團治、五代目文枝）を中心に、懐かしい師匠達の舞台裏噺からお囃子さんまで、四十年の思い出を語り尽くす。

1388
京都思想逍遥
小倉紀蔵

古都をめぐり古今の思考の足跡を辿る京都思想案内。源氏物語に始まり、道元、世阿弥、頼山陽、鈴木大拙、三島由紀夫に至る様々な言葉と交錯し、その魂と交響する。

1329
京都がなぜいちばんなのか
島田裕巳

京都の神社仏閣にはそれぞれに歴史と、謎がある。その謎を解いていくことで、京都のいまだ隠された魅力を見つけ、人を惹きつけてやまない源泉を明らかにする。

1178
銅像歴史散歩〈カラー新書〉
墨威宏

歴史的人物や偉人の像、アニメのキャラクター像など日本全国の銅像を訪ね歩き、カラー写真と共に、豊富なエピソードや現地の情報を盛り込んで紹介する楽しい一冊。